Servicios gestionados en un mes

¡Cree una exitosa empresa IT en 30 Días!

2ª Edición

Karl W. Palachuk

Great Little Book Publishing Co., Inc.

Sacramento, CA

GLB

www.greatlittlebook.com

Great Little Book Publishing Co., Inc.
Sacramento, CA

Servicios gestionados en un mes- Cree una exitosa empresa IT en 30 Días– 2ª Ed. de Karl W. Palachuk
Copyright © 2008, 2013 de Karl W. Palachuk
Todos los Derechos Reservados.

www.greatlittlebook.com

ISBN # 978-0-9763760-5-7

Servicios gestionados en un mes
Cree una existosa empresa IT en 30 Días
2ª Edición
Karl W. Palachuk

Índice de Contenidos

Contenido Descargable

Este libro incluye contenido adicional muy práctico, archivos de Word y Excel, entre otros documentos.

Si has comprado este libro en SMB Books o Great Little Book, debería tener un enlace de descarga, enviado tras tu compra.

Si perdiste el enlace o compraste el libro en Amazon u otro lugar, regístrate en ManagedServicesInAMonth.com o SMB-Books.com.

Por favor, ten a mano su recibo ya que le pediremos el Nº de Orden. Si ha comprado el libro en otra tienda necesitará el ticket o factura de su compra.

Agradecemos todas las sugerencias que nos envié.

Prefacio – Revisión de la 1ª Edición

Este libro es la evolución del trabajo que he plasmado en una serie de blogs publicados en Small Biz Thoughts (smallbizthoughts.com). Comenzaron siendo la respuesta a algunos comentarios que afirmaban que los Servicios Gestionados no funcionaban. Algo que me inspiró a afirmar "Miren, ha llegado el momento de enfocar la discusión directamente a la esencia de los Servicios Gestionados".

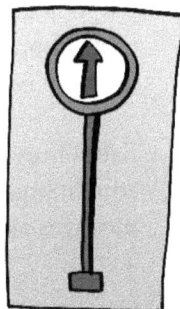

A partir de este punto, creé una serie de artículos sobre cómo poder migrar a un modelo de servicios gestionados en solo un mes. Una serie de artículos con una gran difusión y valoraciones muy positivas. Pero los blogs no están pensados para alojar grandes publicaciones. Por ejemplo, los artículos se publican en orden cronológico inverso. Así que decidí ordenar mis publicaciones correctamente, les añadí un índice de contenidos y volví a publicarlo en mi sitio web – **GreatLittleBook.com**. Y también aquí tuvo una gran difusión.

Después de muchas peticiones adapté el contenido a diversos formatos, creando un audio libro, además del libro impreso. Le puse un precio accesible. La primera edición estaba disponible cómo eBook o audiolibro al mismo precio. ¡Para que puedas conocerlo cómo quieras!

Si quieres leer mis notas gratis en la web, puedes hacerlo. Si quieres el libro, puedes comprarlo. Y si quieres oírlo solo tienes que comprar el audio libro.

¿Y por qué estoy ofreciendo una información tan importante por prácticamente nada? Pues, sinceramente, porque quiero que tengas éxito. ¿Y por qué tengo ese deseo? ¡Para descubrirlo tendrás que esperar hasta el final de este libro!

Por favor, hazte un favor a ti mismo. Tómate este proceso seriamente. Es posible que cuando acabes con este libro hayas decidido que no quieres ser Proveedor de Servicios Gestionados (MSP). Pero tengo la sensación de que quizá quieras intentarlo. Y tengo la firme creencia de que el proceso en el que vas a embarcarte ahora será positivo para tu empresa, tanto si te conviertes en un MSP como si no.

Estoy muy contento por el éxito de este libro. Si buscas en Amazon "managed services" o "servicios gestionados", desde los últimos tres años aparece este libro cómo primer resultado.

La Edición Revisada

Desde la publicación de este libro han cambiado algunas cosas. En primer lugar la crisis del mercado bursátil, en otoño de 2008, ha provocado que la economía haya cambiado notablemente. Por otro lado la computación en la nube ha salido por fin a la luz.

Además he descubierto que mucha gente que compra este libro no pertenece al mundo IT, pero aun así buscan consejos sobre cómo convertirse en proveedores de servicios gestionados (MSP). Mucho del contenido de este libro trata sobre cómo convertir una empresa ya existente.

Pero hay mucha gente que se incorpora al sector de la consultoría empresarial tecnológica cada año. Por eso he revisado algunos de los capítulos, los he reorganizad, he añadido nueva información y he actualizado el contenido al entorno de la computación en la nube. Además he incluido algún material adicional de interés.

No soy partidario de las historias sobre los "buenos tiempos pasados" pero lo cierto es que este es un gran momento para ser consultor tecnológico. Cuantos más conocimientos necesitamos, más necesitan los clientes una persona en la que puedan confiar y con la que puedan trabajar. Si eres un veterano seguramente no eches mucho de menos los tiempos pasados.

En la consultoría tecnológica moderna, es necesario tener ciertas habilidades, un planteamiento de buen **consultor** y la pasión necesaria para aprender todas las novedades del sector que se acercan a nosotros a toda velocidad.

Nota sobre KPEnterprises

Durante dieciséis años he sido propietario y gestor de KPEnterprises Business Consulting, empresa modelo de mi experiencia y de mis artículos durante la última década. Pero la gente y los negocios evolucionan.

KPEnterprises cesó su actividad a finales de 2011 y hoy es una marca de Great Little Book Publishing Co., Inc. Actualmente paso la mayor parte del tiempo escribiendo, evaluando y formando empresas en "GLB", para America Tech Support, propiedad de mi amigo Michael Bayless.

Trabajo cómo ingeniero superior de sistemas en America Tech Support. En ATS soy responsable de planificación estratégica, algunas ventas, gestión de proyectos y alguna migración de red.

Esta mezcla es perfecta para mí ya que me permite poder "jugar" con las nuevas tecnologías. Puedo trabajar directamente con el cliente. Puedo acceder a la parte de soporte empresarial.

Así que... cuando me refiera a KPEnterprises en este libro me refiero tanto a mi empresa actual cómo a la empresa a la que dediqué dieciséis años de mi vida. De hecho, afortunadamente, mi empresa actual es casi igual a mi empresa anterior.

Espero que encuentres útil el contenido de este libro. Agradezco cualquier sugerencia o comentario que me hagas llegar a **karlp@GreatLittleBook.com**. Cuéntame que tal van las cosas.

También te pido que dediques un minuto a conectarte conmigo en Twitter, Facebook, Google+, y Linkedin. Solo tienes que buscar a "KarlPalachuk" o Karl Palachuk en cualquiera de estas redes.

Sobre el Autor

Para saber quién es Karl W. Palachuk consulta la sección *Mantenerse al Día con Karl* al final del libro.

I. Consultoría Informática del Siglo 21

1. ¿Cuáles son las Diferencias de la Consultoría Tecnológica de Hoy?

Para empezar permíteme dar un rápido repaso a la historia de la consultoría tecnológica en las PYMES (pequeñas y medianas empresas), aunque sin volver a "cuando éramos niños y teníamos que fabricar nuestros propios ordenadores". La idea es mostrar la evolución de nuestra profesión. O más bien, la evolución *a ser* una profesión.

Antes de 1995, literalmente antes de Windows 95, los consultores informáticos eran virtualmente autodidactas y "hechos en casa". Pocos tenían formación externa. Algunos procedían de una formación reglada, y cómo tal, recibían la certificación correspondiente antes de empezar su trabajo.

Sin embargo la mayor parte de los consultores empezaron creando sus propios equipos y ayudando a la gente a instalar software. En su evolución pasaron a configurar redes. La mayor parte de esas redes eran redes Novell y no estaban conectadas a Internet. Otros saltaron a los productos SBS y a las redes Windows.

En 1994 Internet se abrió al uso comercial sin restricciones. Antes de esa fecha era necesario pedir una autorización, literalmente, para registrar una dirección .com y justificar para que quería tener acceso a la red. Entre los años 1992 a 1994, Netscape y otras empresas empezaron a lanzar navegadores basados en un nuevo protocolo: el protocolo de transferencia de hipertexto – http.

La razón por la que trazo una línea a raíz de la presentación de Windows 95 se debe a que originalmente no incluía un navegador web. Pero el desarrollo del navegador concluyo antes de lo previsto y fue incluido en las siguientes versiones del sistema operativo. Un claro indicador de que el acceso a internet era algo importante.

Tras el lanzamiento de Windows NT 3.5 y su revisión bajo Windows NT 4.0, Microsoft dio un gran paso en el mercado, reemplazando a Novell en el corazón y la mente de los consultores de red. Ten en cuenta que no hablo de consultores informáticos.

Había profesionales que solo trabajaban en el desarrollo de redes y ayudando a la gente a conectarse a la red. Pero había otros que conectaban los servidores de Microsoft en grandes redes, y desde aquí conectandolo hacia todo el Internet. Es en este momento en el que se percibe una división entre los consultores SMB o PYME y los Enterprise. También se lanzan numerosas certificaciones – la mayor parte de ellas para los profesionales Enterprise.

A finales de los 90 y durante los dos primeros años del nuevo siglo se produce el boom de los consultores SMB. Quienes no estaban conectados a Internet querían conectarse, y rápido. Aun cuando no sabían de qué iba eso de Internet.

Durante este periodo – mientras la burbuja tecnológica crecía y crecía –todo el mundo tenía dinero de sobra, todos querían tecnología y a nadie le importaba lo preparado pudieras estar para recibirla. Todo el mundo se hacía llamar consultor y cobraba a cualquier empresa solo por conectarlos a la red.

Los productos fundamentales del consultor SMB eran los servidores (Novell, aunque reemplazado por Microsoft), los equipos de escritorio y los productos Office. Había miles de oportunidades de vender hardware y software. Quienes no sabían de hardware lo tenían más difícil. Pero con un poco de aptitud era fácil saber lo necesario para sobrevivir.

Y de pronto, la burbuja explotó.

La burbuja tecnológica explotó en 2001. La explosión arrastró a los mercados de valores. De hecho se produjo un doble crash. El índice Dow Jones cayó de un máximo de 11.301 puntos a un mínimo de 8.235 en 2001. En 2002 subió hasta 10.607 para caer después hasta los 7.528.

Todas las empresas de capital riesgo y aquellas sin base firme cayeron sin freno. Mucha gente vio cómo su dinero volaba. El mercado de redes y servidores se volvió complicado. De este periodo quedaron dos consecuencias. La primera; todos aquellos que no pertenecían realmente al mundo de la consultoría fueron expulsados del mercado y se dedicaron a otra cosa. Hablamos de esos "profesionales" que nunca llegaron a conocer la tecnología y tampoco se preocuparon de mejorar sus conocimientos. Simplemente aprovecharon la burbuja hasta que se acabó.

En segundo lugar se incrementaron las oportunidades de las personas de perfil más profesional, con argumentos de venta adecuados y que demostraban saber qué es lo que estaban haciendo. Resultaba más difícil ser un "vendedor de humo" y más fácil ser un consultor profesional formado en el mercado SMB.

En 2003 había gran cantidad de consultores SMB (aunque no debamos denominarnos así) adorando el Windows Small Business Server (SBS). Aprendimos esto de Harry Brelsford, la única persona con tiempo suficiente para escribir libros sobre el producto.

Los "grupos de usuarios" de consultores informáticos crecían alrededor de los productos SBS. Muchos de los grupos de profesionales IT de hoy empezaron entonces cómo grupos de Usuarios SBS. Todos estos grupos estaban encantados con el equipo SBS de Microsoft y con Harry y sus enseñanzas, así que quedaron aún más encantados cuando sus dos referencias pudieron por fin encontrarse en SMB Nation (consulta www.smbnation.com).

SBS 2003 es, en mi opinión, el segundo mejor producto que Microsoft haya creado (el primero es la suite Office). Nada ha hecho más por el crecimiento y la profesionalización de los consultores SMB que este producto. Es estable y solido cómo una roca. Cada componente funciona. Todo está donde debe estar. Y permite poder conectar las nuevas oficinas al momento.

Durante cinco años nuestra profesión creció y se hizo cada vez más y más profesional. Desarrollamos comunidades de usuarios por todo el mundo. Harry siguió celebrando sus conferencias anuales. Surgieron otras conferencias. Y aunque al resto del país le resulto difícil poder resurgir después del crash de 2002, los consultores IT SMB lo hicimos bastante bien.

Cómo seguramente recuerdes, durante el periodo 2003-2008 se produjo otra burbuja – una burbuja interna. En este caso la burbuja hizo crecer irracionalmente los precios de las viviendas. La gente rehipotecaba sus casas para aprovechar la situación. Y cada vez se embarcaban en créditos más arriesgados. Una situación que inundo la economía de liquidez.

SBS 2008 era un buen producto. Cumplió con su objetivo. Sin embargo más allá de los cambios que se realizaron y del software incluido en la última versión del programa, no era una actualización necesaria ni deseada. Su lanzamiento se produjo en un momento poco afortunado.

Durante este periodo, el modelo de servicio al que llamamos "Servicios Gestionados" evolucionó. Era frecuente que las empresas de todo el mundo trabajasen (de forma independiente) en modelos de servicio de tarifa plana o precio fijo. Algo similar a un modelo "todo lo que puedas comer".

Otros ofrecían modelos de bloques prepagadas que se renovaban automáticamente. Los consultores IT de servicios gestionados obtenían ingresos recurrentes. Para nuestros clientes los servicios gestionados se traducen en control del gasto.

Al mismo tiempo, aparecían diversas herramientas... ConnectWise, Autotask, y otras herramientas de "automatización profesional de servicios (PSA)" pusieron al alcance de los pequeños consultores servicios cómo los sistemas de tickets o el control de "help desk". Kaseya, Level Platforms, Zenith Infotech (ahora

Continuum), y otras "herramientas de gestión y control remoto" (RMM) aparecieron en el mercado. Permitían a las pequeñas empresas IT gestionar miles de equipos, en vez de los cientos tradicionales.

Los componentes fundamentales del Modelo de Servicios Gestionados eran:

- Un agente RMM en cada servidor y escritorio*
- Un sistema PSA para controlar tiempos y facturación
- Un servicio de soporte que reúne todos estos servicios de forma estándar bajo una tarifa mensual

*Cuando hablamos de "escritorio" me refiero a los equipos de trabajo incluyendo los portátiles. Dado que empecé trabajan- do con mainframes y minis, me resulta difícil usar el término "estación de trabajo" para algo que no sea un terminal.

Algunos colegas (y yo mismo) facturamos por dispositivo. Algo cómo tanto al mes por servidor y tanto al mes por equipo de trabajo. Otros preferían realizar una estimación de coste por todos los servicios, presentando un precio fijo mensual. En todo caso todos usamos RMM, PSA, y una cuota fija mensual.

Por aquel tiempo la burbuja inmobiliaria había crecido tanto que ya no era sostenible. No fue sorprendente que en octubre de 2008 el mercado inmobiliario se estrellase, y la bolsa cayera a plomo. La liquidez desaparecía de los mercados. Mucha gente se encontró sin dinero y rodeado de deudas.

De hecho casi nadie tenía dinero. Y quienes lo tenían no quería gastarlo hasta que pudieran ver un poco de estabilidad. Los bancos tampoco prestaban dinero porque estaban gravemente dañados por sus propias, y estúpidas, políticas. Era necesario reorganizar todo el proceso.

La instalación de nuevos servidores se ralentizaba. Los servidores que debían ser reemplazados se parcheaban y reparaban. Los consultores que aún trabajaban bajo modelos break/ fix (ruptura/arreglo) no vendían mucho hardware ni software y quedaban relegados a unos pocos trabajos de escasa importancia.

Sin embargo, los Proveedores de Servicios Gestionados vivían una realidad muy diferente. Muchos de ellos usaban modelos de pago por dispositivo. Sus contratos seguían vigentes y seguían cobrando mensualmente. Muchas empresas recortaban personal así que los MSP veían cómo se reducía el número de equipos facturados cada mes.

Muchas – MUCHAS- pequeñas empresas de IT desaparecieron durante el periodo 2008-2013. Otras se fusionaron o se integraron en empresas más grandes. Podríamos hablar de miles de consultorías de IT en todo el mundo. La mayor parte de las desaparecidas no eran proveedores de servicios gestionados.

Los MSP vieron cómo sus ingresos se reducían. Muchos de nosotros tuvimos que pasar, por primera vez, el mal trago de despedir personal. Sin embargo, los ingresos ni se hundieron ni desaparecieron. Solamente menguaron, ya que también nuestros clientes realizaban sus ajustes.

Cómo todos los demás se reducían los grandes proyectos, vendíamos menos y hacíamos menos migraciones. Pero afortunadamente teníamos un nivel de soporte para nuestros ingresos. El modelo de ingresos mensuales recurrentes nos garantizaba la supervivencia durante la recesión.

Y esa recesión hoy día sigue siendo grave. Mientras escribo esto (principios de 2013), la crisis inmobiliaria en los Estados Unidos parece estar cerca de tocar fondo, la bolsa empieza a recuperarse de sus mínimos de octubre de 2008 y aún hay crisis bancarias en varios países como Grecia y España.

Me encantaría pensar que la recesión ha terminado y que el mercado crecerá a finales de este año. Pero esto es un libro, no una revista. Por eso soy muy cauteloso para quedar cuando alguien lea este libro dentro de un par de años:

Creo que la economía seguirá creciendo hasta 2015.

Creo que se producirán algunas mini-crisis. Creo que el mercado inmobiliario aún no ha aterrizado y que el mercado bursátil tiene mucho que mejorar. Creo que Europa todavía tiene problemas que resolver y que tardarán de 6 a 12 meses crear un modelo de crecimiento sólido. Y creo que los mercados americanos alcanzarán nuevos máximos y objetivos.

En octubre de 2008 la bolsa cayó más de 2.700 puntos. Y no paró hasta caer otros 1.500 puntos más, marcando mínimos de 6.547 en marzo de 2009.

En octubre de 2009 el mercado estaba en torno a los 10.000 puntos – justo donde estaba un año antes. Subió y después bajo para detenerse en torno a esos 10.000 justo un año después. Y lo mismo ocurrió en 2011, cerrando a unos 100 puntos de donde estaba tres años atrás.

Finalmente en octubre de 2012 el mercado cerró por encima (apenas) de esos niveles y mantuvo la posición para subir hasta los 12.000 y 13.000. Ahora los máximos son cada vez mayores, igual que le ocurre a los mínimos. El mercado no tiene aspecto bajista a corto plazo, pero esto no garantiza nada. Y es probable que sigamos viendo este baile de cifras durante mucho tiempo.

¿Y a Quien le Importa?

En este momento quizá te preguntes por qué hablamos tanto de economía. Pues la respuesta es sencilla y responde a la segunda pregunta que más suelo escuchar: **¿Es demasiado tarde para entrar en el negocio de los servicios gestionados?**

Pues no, no es demasiado tarde. De hecho los servicios gestionados se ha convertido en el sistema mediante todos los consultores

IT van a operar en el futuro. Hasta los que usan modelos break/
fix usan herramientas RMM. Muchos también usan PSA. ¡La diferencia es que quienes usan este modelo no disponen de ingresos
mensuales recurrentes!

(Por cierto, la pregunta que más suelen hacerme es "¿Estás seguro de que esa camisa te pega con esos pantalones?")

Entrar en la Nube: Curiosamente hay una tecnología que ha permitido a los consultores IT esquivar (hasta cierto punto) la recesión. Después de muchos años de hablar de ello "la Nube" es hoy
una realidad para las pequeñas empresas.

Igual que pasó con Internet durante su lanzamiento, la Nube es la
última novedad para las empresas. ¡Es una tecnología obligatoria!
Tus aplicaciones deben estar a la última moda. ☺

Así que los gestores hemos desarrollado una oferta de *servicios
gestionados + Nube* que se vende bastante bien. Igual que ocurría
antes, nos conectamos a la nube y ya está. Tampoco creamos un
back up en la nube y lo dejamos. Seguimos vendiendo contratos
de servicio recurrente.

El cliente tiene una tarifa plana, de manera que sabe cuánto le va
a costar. Nosotros tenemos un ingreso fijo, cobrado a tiempo y
controlado. Todos sabemos lo que tenemos.

Con la nube tenemos un punto de vista muy diferente. Cada vez
más, vendiendo a nuestros clientes una tecnología concreta sin
preocuparnos de la configuración de su servidor o de su almacenamiento. Solo pagan una tarifa por cubrir todas sus necesidades
y tú les ofreces toda la tecnología que necesitan.

¡Este es el modelo del crecimiento! Todo está pensado para crecer. Hoy día ofrecemos servicios de almacenamiento, correo electrónico y filtro de spam cómo servicio. Quizá mañana podamos
ofrecer firewalls o switches. Tan fácil cómo pagar un extra. Y además generando más ingresos recurrentes.

Entonces ¿Qué es lo que ha Cambiado?

La pregunta en este capítulo es ¿Cuales son las diferencias de la Consultoría Tecnológica Hoy? Hagamos un resumen del tema:

1) Los profesionales IT son hoy más profesionales que nunca. Gracias a las asociaciones profesionales y a la formación, con programas cómo ASCII o CompTIA, casi todos los que estamos en el negocio pertenecemos a esos grupos.

2) Por el contrario, los intrusos y los "técnicos" menos profesionales han sido expulsados del mercado. Han pasado a otros sectores, se han reubicado en otras tareas o simplemente han desaparecido. Ya no son esa competencia directa que antiguamente solían ser.

3) Hay una mayor comunicación, entre los consultores. Los foros cómo Spiceworks o Experts Exchange, no dejan de surgir. Los grupos de usuarios de profesionales IT son cada vez más fuerte. Nos comunicamos vía Facebook y Twitter. Y nos encontramos en numerosos eventos a lo largo del año. Somos, realmente, una comunidad.

4) Las herramientas de servicios gestionados están en todas partes. Esto incluye herramientas PSA y RMM. Pero también incluye los plugins que permiten controlar otros componentes de software y hardware.

5) Las "Tarifas de Servicios Gestionados" son ahora algo habitual entre los fabricantes. Con ese sistema reconocen que tú, cómo MSP, vendes muchas licencias pero no en grandes lotes. Puedes tener 1.000 licencias de un producto, cómo un filtro de spam, pero distribuidas entre un cliente que tiene 8 máquinas, otro que tiene 22 máquinas, etc. Así puedes acceder al descuento por volumen pagando solo por las licencias que están en uso de forma efectiva. Ya no es necesario comprar paquetes de 10 o de 25 licencias y "endosárselas" al cliente, lo que incrementa sus costes y su eficacia.

6) Las opciones de la Nube no dejan de crecer. Las tecnologías BYOD (bring your own device o trae tu propio equipo) y del hardware en la nube son una fuente de oportunidades para el consultor. Los nuevos servidores de Microsoft están diseñados para aprovechar lo que la nube ofrece. Algo que también ofrecen sus competidores.

7) Siguen apareciendo nuevas tecnologías. Junto a todas las tecnologías móviles, han aparecido las herramientas de gestión para tecnologías móviles. Nuestro negocio siempre ha estado en continuo cambio, pero ahora ese cambio es más rápido que nunca.

8) El mercado está en expansión. Cada vez hay más crecimiento, lo que supone nuevas empresas. Es algo que ya conocemos. Aunque ahora el mercado se está expandiendo a las empresas más pequeñas. Con una combinación de los componentes en la nube y nuevos servidores, el rango de clientes es mayor de lo que nunca ha sido.

Así que la respuesta es:

¡Es un gran momento para los servicios gestionados!

Conozcamos algo más acerca de esas nuevas tecnologías.

Capítulo Uno: Examen Rápido

1. Los componentes fundamentales del Modelo de Servicios gestionados son _____, _____, y _____. (p. 12)

2. ¿Por qué no es demasiado tarde para ofrecer Servicios Gestionados? (p. 15)

3. ¿Qué efecto tiene la Computación en la Nube sobre los servicios gestionados? (p. 17)

Recursos Adicionales para Profundizar

- Grupo ASCII– www.ascii.com

- Experts Exchange – www.experts-exchange.com

- SPC International (anteriormente Managed Services Provider University) – www. spc-intl.com

- Small Biz Thoughts – www.smallbizthoughts.com and blog.smallbizthoughts.com

- SMB Nation – www.smbnation.com

- Spiceworks – www.spiceworks.com

2. Los Últimos Servidores y Opciones (en 2013)

A comienzos de 2013 Microsoft ha renovado sus productos. La nueva línea de servidores se llama Server 2012 y se basa en el código de "Windows 8". Windows 8 fue lanzado al mercado en otoño. Office 2012 / 365 también es un producto nuevo. Muchas novedades.

Esto es bueno porque puedes invertir en formarte en esas nuevas tecnologías y aprovechar para cuando el mercado demande esas habilidades. Y para ser honestos, hay algunos consultores que no quieren actualizarse. No sé por qué. Pero la experiencia me dice que así es la cosa.

Estas son las novedades de los productos para servidor. Me centro en los servidores porque la elección del servidor es algo fundamental a la hora de diseñar una red de área local, las opciones de almacenamiento o la integración en la nube. Por cierto, elegir un sistema "sin servidor" es otra opción.

Servidor de Pequeñas Empresas 2011 (Estándar o Premium)

Esta línea de producto no ha llegado al "fin de vida". Puedes seguir vendiendo licencias hasta finales de 2013, aunque sabemos que no habrá nuevas versiones de SBS. Así que puedes enfocar tu modelo de negocio a migrar a los clientes de SBS 2011 y versiones anteriores a Server 2012 o a propuestas en la nube.

Personalmente, no veo inconveniente en comercializar SBS 2011 hasta su final. El servidor funciona muy bien. Y si es la mejor opción para tu cliente, entonces estarás haciendo bien tu trabajo. Si SBS es la opción perfecta para tu cliente, le estarás ahorrando mucho dinero en comparación a las opciones habituales de servidor.

Server 2012 Estándar

El último software de servidor de Microsoft se llama Server 2012. Sin más. Tiene versiones concretas cómo la Edición Web o la Edición Almacenamiento. Si tu cliente necesita un servidor completo que pueda gestionar de todo, desde cargas de trabajo medias a muy pesadas, esta es su opción.

Server 2012 Estándar gestionará casi cualquier cantidad de RAM que precises. Puede gestionar cualquier tipo y tamaño de discos de almacenamiento o conjuntos de disco. Ejecuta cualquier tipo de aplicación empresarial así como programas complejos cómo SQL o Exchange.

En otras palabras, este es tu "caballo de batalla". Puede escalarse a cualquier necesidad- ya sea pequeña o grande.

Si estás trabajando con servicios en la nube, es posible que quieras elegir alguno de los servidores más ligeros que ya hemos comentado. Pero Server 2012 Estándar también es una gran opción si necesitas un entorno resistente.

Server 2012 Essentials

Si adoras SBS, tienes menos de 25 usuarios y no necesitas un servidor para el control de dominio, Exchange o SQL, Server 2012 Essentials es tu elección. Otra forma de ver este producto es cómo una opción de correo electrónico en host que solo necesita identificación de acceso y almacenamiento en el sitio. Si estas son tus necesidades este es tu producto.

Server 2012 Essentials es literalmente una versión mejorada de SBS 2011 Essentials, lanzada el año pasado. Está limitada a 25 usuarios, pero Microsoft ofrece licencias para poder superar ese límite. No incluye el servidor de Exchange de manera que para usar sus funciones es necesario disponer de otro servidor o "externalizar" el correo a la nube.

Essentials tiene un componente de acceso remoto y otras funciones propias de la familia SBS. Pero esta versión está pensada realmente para ser un servidor "lite onsite". Por eso limita el uso de la RAM y realmente está diseñado para oficinas con menos de 25 puestos.

Ya que Essentials no incluye SharePoint, Exchange, o SQL, es muy fácil realizar la migración del servidor. Los requisitos del equipo también son reducidos. Si dispones de un buen sistema de copia de seguridad en la nube o en el sitio entonces será muy fácil instalar Essentials en los servidores de bajo rango y capacidad.

En *"The Network Migration Workbook"* hemos comentado cómo podemos usar Essentials y Foundation Server en nuestras propuestas en la nube + servidor lite. Por lo tanto no voy a volver a desarrollar la cuestión. Pero en esencia puedes estar plenamente tranquilo por el hardware ya que el proceso de recuperación es mucho más sencillo y rápido. Así que si tienes una empresa alojada en un servidor de $500 podrás dormir por la noche sabiendo que puedes recuperar fácilmente los datos en caso de que algo falle.

Foundation Server

Server 2012 Foundation es una versión similar a Essentials aunque aún más ligera todavía. Se vende cómo producto OEM con límite de 15 licencias. Y no es posible comprar más. Así que es un producto para entornos más que reducidos.

Sin embargo, Foundation Server puede usar SQL y todas las aplicaciones empresariales habituales. Puede usarse cómo controlador de dominio, pero no tiene por qué serlo. Es perfecto para acceso autentificado y para proporcionar almacenamiento local.

Dentro de nuestra oferta de nube + servidor ligero, esta suele ser la opción más frecuente. Muy pequeño. Muy ligero. Con Essentials puedes sentirte cómodo con hardware de bajo nivel porque la recuperación es especialmente sencilla en caso de un desastre.

Hosting en la Nube

Hoy día tenemos una gran cantidad de opciones para disfrutar de almacenamiento host, copia de seguridad en host, servicios de Exchange, SharePoint, SQL, filtrado de spam o recuperación de emergencia en Host, entre otros.

Muchos de esos servicios encajan perfectamente en la oferta de servicios gestionados. De nuevo compramos al mayor y vendemos al detalle. Así que puedes comprar un terabyte de almacenamiento y venderlo en trozos de "hasta" 100 GB. Este punto es crucial ya que la mayor parte de nuestros clientes no usaran más de 50 GB. Así que podemos vender muchos trozos de almacenamiento sin preocuparnos de superar el límite.

Igualmente podemos comprar licencias de filtro de spam en host, o de acceso remoto a precios de mayorista y venderlas en paquetes de 1, 5, de 10 o del tamaño que nuestro modelo de negocio marque. Cuando más licencias implantamos, mayor es el margen de beneficio en cada licencia instalada.

No vamos a evaluar las opciones sobre host que puedes vender. Pero te recomiendo que investigues el tema y veas que servicios encajan en tu oferta, ya que te harán ganar dinero.

Hardware Económico

Otra tendencia existente en los últimos años es el hardware "barato". En este grupo se incluyen los equipos de escritorio de bajo nivel, los netbooks y otros equipos similares.

El precio de Windows 8 está pensado para encajar en ese modelo de hardware de bajo precio, a mucho mejor nivel que sus versiones previas. Por eso encaja perfectamente con los tablets y otros dispositivos de pantalla táctil.

Nunca he recomendado estos equipos para entornos empresariales. Los servidores deben ser específicos para empresas. Los equipos de escritorio también. Esto se traduce en marcas conocidas con sus tres años de garantía.

Sin embargo, es probable que encuentres clientes a quienes les encajen esas opciones de bajo costo. Si todas las operaciones se efectúan en la nube no importa como accedemos a la misma. Por eso no es tan importante disponer de equipos robustos. Con equipos de $400 pueden tener suficiente, y así tienes unas nuevas opciones.

En este caso la oportunidad reside en ofrecer servicios llave en mano que incluyan el hardware. La oferta incluye el firewall, conectores, equipos, monitores y los UPSs necesarios. Así consigues más ingresos mensuales con un costo reducido de hardware.

No recomiendo expresamente este sistema cómo un modelo de negocio, sino cómo una opción más. Una opción que no existía cuando un equipo de oficina básico costaba $1,500.

HaaS – Hardware as a Service o Hardware cómo Servicio – es ahora una opción disponible para tu negocio.

Dispositivos Móviles

Tal cómo he comentado antes, la explosión del mercado de dispositivos móviles también crea oportunidades. Estos dispositivos parecen ser imparables. Están en todas partes. Los empleados pueden acceder a los datos de la empresa y modificarlos sobre la marcha. Y cómo resultado ¡los datos empresariales están en riesgo!

La Gestión de Dispositivos Móviles –MDM- es un servicio casi obligado en la oferta de servicios gestionados. Y por definición estos dispositivos van a estar fuera del entorno controlado – no están atados a las redes de acceso local o al controlador de dominio.

Por lo tanto las herramientas de gestión deben ser fáciles de desplegar y tienen que funcionar de forma remota.

Todos los proveedores de servicios RMM están desarrollando opciones MDM. También otros proveedores de servicio lo están haciendo porque consideran que el MDM es su vía de entrada al mercado de servicios gestionados.

Es impresionante – incluso alucinante – ver cómo ha cambiado la tecnología desde la primera edición de este libro. Y la tasa de cambio no hace más que acelerar. Esto se traduce en más dispositivos, más herramientas y más oportunidades.

Algunas personas temen que la consultoría tecnológica se vuelva más difícil y competitiva debido a que la tecnología se convierta en algo tan "simple" que puede llevar a los clientes a hacerlo todo por sí mismos. Una idea incorrecta por dos motivos.

El primero es que la velocidad del cambio asusta a la gente. Los gerentes de empresas se preocupan por quedarse con un sistema obsoleto o por pagar de más, ya que no entienden las novedades que van surgiendo. El segundo es que aunque pueden investigar, acceder a la red y comprar todo lo que necesitan, no son capaces de saber si están tomando las decisiones correctas. Por eso contratan a un consultor.

¿Es tarde para saltar a los servicios gestionados? ¡Ni hablar! Es más fácil de lo que nunca lo ha sido. Cada vez hay más opciones, y la demanda sigue creciendo. ¡Nunca ha habido un mejor momento para dar el salto a los servicios gestionados!

Capítulo2: Examen Rápido

1. Indica una razón por la que es un buen momento para entrar en el negocio de la consultoría IT: _____
   _____ (p. 21)

2. Server 2012 Essentials es perfecto para las redes que tienen _____. (p. 22)

3. ¿Por qué la Gestión de Dispositivos Móviles representa una oportunidad de negocio para ti?_____
   _____ (p. 26)

Recursos Adicionales para Profundizar

Nota: Todas las URLs pueden cambiar, especialmente las relativas a los sitios de Microsoft.

- Microsoft "TechCenters" para Productos y Tecnología IT – http://technet.microsoft.com/en-us/bb421517.aspx

- Información de Windows Servers– www.microsoft.com/servers/en/us/default.aspx

- Windows Server 2012 (todas las ediciones) – www.microsoft.com/en-us/server-cloud/windows-server/2012-default.asp

3. Computación en la Nube para Pequeña Empresa

Después de muchos años usando términos cómo "servicios en la nube" o "computación en la nube" todavía no tenemos una línea clara para separar estos servicios. Sería interesante tener un cuadro donde marcar si es En la Nube o No en La Nube.

Mi compañía telefónica local vende acceso a servidor mediante viejas terminales, y lo llama "servicio en la nube". ¿Quiere esto decir que cualquiera que use RDP (protocolo de acceso remoto) o RWW (espacio de trabajo remoto) puede afirmar que lleva desde el año 2000, o peor aún, desde 1995 ofreciendo servicios en la nube?

Estos extremos hacen difícil poder definir claramente cual es una oferta real de servicio en la nube. Es necesario disponer de esa definición clara para ver cómo encaja en tu negocio. No solo es un juego para vender más.

Yo he sido capaz de marcar cuatro tipos de nube. Cada una de ellas te ofrece sus propias oportunidades:

1. Servicios basados en la Nube
2. Servidores en Host
3. Servicios en Host
4. Ofertas híbridas en la Nube

1. Servicios Basados en la Nube son aquellos que están íntegramente dentro de la nube. Quizá uses Salesforce.com o QuickBooks Online. Son dos ejemplos de esas aplicaciones. La mayor parte de soluciones de filtrado de spam "en host" realmente son servicios basados en la nube.

Las posibilidades que abren los servicios en la nube tienen diversas caras. Lo más habitual es vender esos servicios cómo afiliado, o usar el servicio cómo componente de tu oferta.

Si revendes ese servicio en la nube, el funcionamiento es igual al de comprar al por mayor y vender al por menor. Por ejemplo, puedes comprar un filtro de spam a \$2 por usuario y venderlo al usuario final por \$5. El cliente sigue siendo mío y la empresa proveedora no sabe más que lo necesario para prestarle el servicio. Entre esos datos no se incluye su nombre, su dirección o su información financiera.

Si la relación es de afiliado, entonces tú haces la venta pero es el proveedor el que gestiona el cobro. Tú consigues a cambio una comisión por la venta. Por ejemplo, si vendes un servicio de VOIP cómo afiliado, tienes que enviar la documentación a la empresa para que realice la contratación. Con suerte recibirás el 25% del importe que tu cliente gaste cada mes.

Hay dos factores importantes que debes considerar cuando vendes cómo afiliado. El primero es decidir qué forma de pago prefieres. Algunos servicios te ofrecen una comisión continua siempre que el cliente siga usando ese servicio. Por ejemplo, si el cliente del servicio de teléfono ya no está entre los clientes de tus servicios gestionados, tú seguirías cobrando por esa venta mientras ese cliente siga usando ese servicio telefónico.

Otros servicios ofrecen un pago único. Abonan una comisión (mucho más alta) a la firma y no pagan nada más. La empresa conserva el 100% de los pagos mensuales. Algunas empresas te permiten elegir vender como afiliado o cómo revendedor.

El segundo factor que debes tener en cuenta a la hora de vender es la propiedad del cliente. ¿A quién pertenece el cliente? ¿A ti o a la empresa telefónica? La forma de saberlo es ver quien le realiza el cargo al cliente en su cuenta cada mes.

En el ejemplo del filtro de spam, el cliente puede saber o no quien le presta el servicio. Y aunque no sepa que empresa ofrece el servicio, él sabe que te está pagando las cuotas. Es tu cliente, y puedes pasarlo a otra empresa fácilmente.

En el caso del proveedor VOIP el cliente es suyo. Ellos hacen los cargos. Pueden trasladar la relación de "agente" a otra persona. De modo que si tú no eres el agente de esa operación, ya no cobras. El cliente puede recordar, o no, quien le ha vendido el servicio, pero el cargo se lo hace directamente el proveedor.

La última forma en que puedes ganar dinero con los servicios en la nube es incluirlos dentro de tu propia marca. Es la opción más común para la mayor parte de servicios. Por ejemplo, nuestro Cloud Five-Pack incluye almacenamiento en la nube, correo Exchange, filtro de spam, antivirus y RMM (gestión y control remoto).

En este caso el filtro de spam es un ingrediente más de la receta. Algo que nos permite volver al tema del "modelo de servicios gestionados" respecto al precio. Tú compras el filtro de spam por usuario o por buzón. Puesto que compras en masa obtienes un buen precio. Y en vez de venderlo por separado lo vendes cómo un componente más de tú oferta.

2. Servidores en Host

Hablamos de una tecnología que siempre ha estado con nosotros ¡y a la que por fin podemos llamar "en la nube"!

Los servidores en la nube son exactamente eso: dentro de la nube hay un equipo, o una máquina virtual, que ejecuta tu sistema operativo o tu aplicación. Por ejemplo, puedes pagar una cuota mensual por un Servidor de Windows alojado en Amazon, Azure, Rackspace, o en 10,000 otros lugares diferentes. Esto es lo que le vendes a tu cliente.

Lo que estas vendiendo es el acceso a un servidor completo. Es decir, el acceso a un servidor Windows con un servidor de Exchange. Un servidor de Exchange que se gestiona igual que el servidor físico que tienes en tu oficina.

Nota importante: cuando vendemos servidores en host, esos servidores precisan el mismo mantenimiento que los servidores físicos. Tienen que ser controlados, reparados y hacer las copias de seguridad habituales. El proveedor no va a hacerlo por ti. TÚ eres el profesional de mantenimiento de esos servidores. Es importante porque no solo estas a cargo de atender al cliente, sino que debes cuidar también de sus servidores.

3. Servicios en Host

Los servicios en host son muy diferentes. Pueden existir, o no, en una maquina física o virtual. En realidad lo que compramos es una parte de lo que esa máquina está haciendo. Un ejemplo perfecto de este modelo es el correo Exchange en host.

Las cuentas de correo de Exchange en host no son más que operaciones de Exchange que se ejecutan bajo la versión de servidor de Exchange Enterprise Edition. La empresa propietaria del servidor se encarga del mantenimiento y de tener el servidor debidamente actualizado y parcheado, así como de reparar los posibles fallos del servidor.

Tu vendes (revendes) literalmente el acceso a una cuenta de correo. Si algo falla, no puedes arreglarlo. Todo lo que puedes hacer es contactar el proveedor y pedirle que repare su servidor. Puedes pagar unos $8 por una cuenta de correo y venderla por unos $15. No tienes que cobrar cuota de mantenimiento porque no tienes ningún gasto por ese concepto.

En términos generales cada servicio tiene su propio componente que hace más razonable elegir entre un servidor en host o entre un servicio en host. Los servicios en host son perfectos para pequeños clientes mientras que los servidores en host son adecuados para grandes clientes. Piensa en vender diez cuentas de correo a $10 cada una frente a 100 cuentas a $15 por cada unidad. Para una cierta cantidad el costo global de las cuentas individuales excede el costo de un servidor Exchange propio.

4. Oferta Híbrida en la Nube

Las nubes hibridas no son más que servicios en la nube con ciertos componentes instalados "on site". Un ejemplo es el servidor Híbrido en la Nube de Intel. Es un dispositivo físico situado en la oficina del cliente donde se ejecutan máquinas virtuales. El dispositivo controla todas las licencias y cobros a través de un servicio en host. Además, conecta los servicios en host en la nube ofreciendo una interfaz para controlar esos servicios.

Otro ejemplo de este modelo sería algo que tú mismo podrías crear combinando componentes en la nube con componentes on-site. Por ejemplo, digamos que cobras a un cliente $100 por disponer de 250 GB de "almacenamiento", siempre disponible y continuamente replicado. Puede incluirse un servidor Foundation (ver capítulo 2) para acelerar el acceso, que realiza copias de seguridad en tiempo real mediante un servicio en la nube. El cliente te paga una cuota por el servicio, tú tienes posesión del hardware, y el componente de almacenamiento en la nube no es más que una pieza de ese almacenamiento en la nube que tú vendes y cobras cada mes.

No importa la forma en que combines estos cuatro elementos para crear tu oferta, ya que con cualquiera puedes ganar dinero mediante servicios en la nube. Cada vez nos sentimos más cómodos usando servicios que no poseemos, que no controlamos y que no tenemos que mantener.

Si eres nuevo en el sector, las herramientas en la nube y sus ofertas son todo lo que necesitas saber. Si llevas más de cinco años en el sector entonces ya habrás incluido la tecnología en la nube dentro de tu oferta de servicios.

Las propuestas más obvias y sencillas en la nube serian (ordenadas de más a menos) :

- Filtro de spam en host

- Recuperación de desastres y copia de seguridad en la nube.

- Almacenamiento en la nube

- Aplicaciones de negocios en host (LOB)

- Servicios en host (p.e., comprando cuentas de Exchange)

- Servidores Host (p.e., SBS en host de un proveedor)

Otros servicios no tan obvios serian la detección de intrusos en host, filtrado de contenido, antivirus y gestión de dispositivos móviles. Todos estos servicios son muy fáciles de proporcionar a tus clientes y encajan dentro del modelo de tarifas de servicios gestionados.

Un Producto Más para la Nube

Hay otro tipo de servicio en la nube que debes conocer y que no encaja en ninguno de estos tipos: un entorno de desarrollo basado en la nube. Lo incluyo en esta sección del libro, y no después porque realmente es un producto (aplicación) más y no una parte del negocio de servicios gestionados.

Microsoft Azure (www.windowsazure.com) es una solución en la nube pensada para el desarrollador. Microsoft ha desarrollado diversas herramientas con las que ha creado aplicaciones y sitios web que solo funcionan empleando exclusivamente el entorno de Azure. Son aplicaciones que no puedes descargar, ni instalar y que solo funcionan a través de Internet.

Si este modelo tiene éxito, tal como Microsoft espera, seguramente Oracle y otras empresas puedan desarrollar servicios similares.

Quizá no seas programador, pero programar en la nube de Azure no es difícil. Y si no, siempre puedes contratar a alguien para que desarrollase tu proyecto. Consulta www.odesk.com o www.elance.com.

Bien. Esto es todo por ahora.

El Sesgo en la Pequeña Empresa

A medida que las ofertas en la nube (y también la oferta de servicios gestionados) crezca y se vuelva más potente y fácil de gestionar, veremos cómo cada vez hay más grandes empresas tratando de vender en nuestro mercado. Uno de los temas habituales en las conferencias de SMB es "¿Debería preocuparme por si [Dell] [Staples] [Best Buy] [Ingram Micro] [etc.] empiezan a vender directamente a mis clientes?"

Yo sinceramente creo que no. Por dos razones. La primera es que esta cuestión lleva más de cinco años planteada y aún no ha ocurrido. Lo segundo, y más importante. La pequeña empresa prefiere hacer negocios con otras pequeñas empresas. Quieren llamarte personalmente y no tener que llamar a una fría línea de soporte. No les gusta que les dejen esperando.

De hecho es probable que entre tus clientes, haya alguno que dio el salto a Internet hace unos diez años usando SMB. Cuando piensas en esto, ves que nunca te "han necesitado". Pero te quieren a su lado. No conocen nada más. Ni cómo elegir un servicio adecuado en la nube o cómo montar el servidor correcto.

…Y ahora es cuando alguien se levanta del asiento para afirmar que gana mucho dinero y consigue nuevos clientes arreglando y mejorando los proyectos "desarrollados en casa". Bueno ¿sabes qué? puedes ganar mucho dinero y conseguir nuevos clientes reparando y mejorando los proyectos "de la casa" diseñados en la nube.

La verdad es que las empresas pequeñas se sienten mejor haciendo negocios con empresas de tamaño similar al suyo. Todos solemos tener un cliente que nos dice que no quiere que una persona a la que no ha podido ver nunca ponga la mano encima de sus datos y de sus servidores. Por eso siempre va a ser fiel a nuestro servicio de copias y nunca se sentirá tentado por irse a una nube desconocida en un lugar indeterminado.

Aun cuando estos clientes pueden comprar servicios de los grandes del sector cómo Amazon o Rackspace, no les gusta tratar con ellos. Ellos quieren hablar contigo. Solo contigo.

En mi último trabajo, antes de ser consultor, estábamos migrando una amplia red de triple estado desde mini ordenadores (HP 3000S) con terminales "tontos" a servidores NT con SQL y equipos de escritorio. La palabra de moda era "Cliente Servidor". ¿Estás usando la tecnología de cliente servidor? ¿Es una aplicación cliente servidor?

La transición al modelo cliente – servidor era algo más que una etiqueta que describía lo que estábamos ya haciendo. Hacía ya tiempo que habíamos dejado atrás los terminales "tontos". Quizá teníamos 25 de esos terminales en la oficina y otras 25 estaciones de trabajo con programas de emulación de terminal. Teníamos la capacidad de computación de escritorio, así que crear un sistema que aprovecha esa capacidad era una evolución casi obligada. Nuestra combinación de NT y SQL requería de un cliente.

La computación en la nube es muy similar. Y es, de nuevo, el siguiente paso que debe dar la tecnología. Muchos de nosotros ya hemos estado trabajando en ello, antes de que hubiera sido etiquetado. Por ejemplo, antes lo habitual era tener un filtro de spam interno. Ahora no. Ahora lo normal (en la pequeña empresa) es tener un filtro de spam en host. Es probable que tengas algún programa de spam interno dentro de los últimos cinco años, pero seguro que no lo hayas vendido mucho.

La Base de los Servicios en la Nube

Los servicios en la nube han llegado para quedarse. Algunos no son más que una etiqueta nueva para unas prácticas viejas. Otras son opciones nuevas y muy potentes. Por ejemplo, odio con ganas los LOBs instalados onsite, y adoro los LOBs en host. Muchos de esos LOBs internos han sido un auténtico infierno para mantenerlos y poder tenerlos actualizados, consumiendo gran cantidad de dinero. Los LOBs en host siempre están actualizados y encajan en ese modelo de tarifas que hemos comentado. El cliente paga por lo que usa, generando un ingreso mensual recurrente.

Muchas personas han vendido servicios gestionados cómo un servicio basado solo sobre lo instalado. Vamos a ver cómo podemos integrar fácilmente los servicios en la nube dentro de tu modelo tarifario de servicios gestionados. Una de mis viejas promesas es que debería tratar de añadir nuevos servicios a mi oferta de servicios gestionados de manera que pueda ofrecer más a mi cliente por el mismo precio. Vamos a ver lo fácil que puede resultar hacerlo.

Capítulo3: Examen Rápido

1. ¿Cuáles son los cuatro tipos de modelos en la nube que hemos comentado?_____ (p. 30)

2. ¿Que requiere un mayor mantenimiento? (p. 32 -33)

    a. Servicios en Host

    b. Servidores en Host

3. ¿Por qué no debe preocuparnos la presencia de grandes empresas tratando de vender a nuestra base de clientes? _____ _____ (p. 35)

Recursos Adicionales para Profundizar

- Elance – www.elance.com

- Microsoft Azure – www.windowsazure.com

- ODesk – www.odesk.com

- QuickBooks Online – www.quickbooksonline.com

- Salesforce.com – www.salesforce.com

II. El Modelo de Servicios Gestionados

4.Nuevos Modelos de Consultoría vs. Modelos Existentes

¿Eres un nuevo consultor o una empresa ya establecida, que quiere realizar la transición a un modelo de servicios gestionados? Eso puede marcar la diferencia en la forma en que uses este libro.

El libro original, *Servicios gestionados en un mes,* fue escrito para los consultores ya establecidos que querían adoptar el modelo de servicios gestionados. Cómo puedes ver, en este libro mantenemos ese enfoque. Pero también los nuevos consultores tienen mucho que aprender.

Desde el inicio de la recesión en 2008, muchas personas se han graduado en la facultad y se han incorporado al mundo empresarial. Una parte de ellos se ha convertido en consultores IT. Algunos han asistido a escuelas técnicas para formarse, esperando poder escapar de la recesión. Bueno, pues igual que ellos, lo único que puedes hacer es saltar al mercado.

Algunas personas han sido despedidas de grandes empresas, o han acabado quemadas por la presión que supone producir más con menos. También se han pasado a la consultoría IT. Algunas personas simplemente han cambiado sus sueños y han decidido convertirse en MSPs.

¡ Bienvenido a tu Nueva Profesión!

Si eres un recién llegado, deberías alargar este proyecto durante dos meses, en vez de uno. Así tendremos todo cubierto. Hasta cierto punto es más fácil ser un MSP nuevo que migrar desde tu antiguo modelo de negocio (y tus clientes).

Una de mis prioridades es saber quiénes quieren que sean tus clientes y no preocuparte por los ingresos que pierdes con los otros "posibles clientes". El primer exámen que debes hacer a tu cliente NO es ver cómo de grande es su red, sino saber si están dispuestos a hacer negocios siguiendo tu modelo.

Muchas pequeñas empresas IT han cambiado su oferta y se han especializado a medida de los clientes más grandes que puedan encontrar. Sin embargo es mucho más rentable, a largo plazo, encontrar clientes que encajen en tu modelo. Esto implica tener, forzosamente, un modelo. Tienes que crear un cliente ideal y una oferta de servicio para ese cliente.

Bienvenido a Tu Coach en formato de Libro

Cuando empiezo a trabajar con un nuevo cliente cómo coach, examino primero los seis "cimientos" para un modelo de negocio de servicios gestionados (ver capítulo Siete). De ellos hay cuatro puntos que requieren una atención más especial que los demás. Te los presentaré de forma breve. A medida que sigas avanzando por este libro, verás cómo resolver estas cuestiones es la clave del éxito.

Cuestión 1: Tus objetivos y ambiciones personales. Algo que incluye el tiempo que dedicas a ser más productivo. También tus objetivos personales en la vida, y para tu familia. Y también incluye tu visión y tu propósito en la vida.

Si no tienes objetivos entonces ¿para qué quieres hacer nada?

Cuestión 2: Herramientas de Automatización de Servicios Profesionales. Necesitas una. Esta aplicación es, literalmente, la "base de la empresa" que vas a usar para mantener tu negocio IT. Puedes usarlo para controlar las horas trabajadas de tus empleados, los tiempos a facturar, las peticiones de servicio y mucho más. Si no está registrado en tu PSA no existe.

Cuestión 3: Una Herramienta de Control y Gestión Remota. También es imprescindible. Una herramienta RMM te permite controlar, reparar y gestionar los equipos de tus clientes. Es la pieza que te permite ejecutar los servicios gestionados que has vendido a tus clientes.

Cuestión 4: Una herramienta financiera. La más habitual es QuickBooks. También dispones de Business Works, PeachTree, o cualquier otra. Además de mantener bajo control las entradas y salidas de dinero, también vas a usar esta herramienta para generar informes que te digan que tal lo estás haciendo y cuáles son las proyecciones de tu trabajo.

Para los últimos tres elementos, el funcionamiento es muy similar. No tienes más que elegir la herramienta que prefieras, instalarla, configurarla y, lo más importante, **usarla.**

Sé que este énfasis puede sorprenderte. Pero te sorprendería saber cuántas personas compran estas herramientas y nunca las usan. Las herramientas PSA y RMM son mucho más baratas de lo que solían ser. Pero aun cuando eran especialmente caras, había gente que gastaba el dinero en comprarlas sin dedicarles el tiempo necesario para ponerlas en funcionamiento.

En este libro no dedicaremos mucho tiempo a la Cuestión 1ª. Pero si a las otras tres. A medida que trabajes sobre el libro, por favor, ten siempre presente que es necesario elegir, comprar, implementar y usar.

Seguramente que antes de que termines con este libro ya tendrás estas tres cuestiones resueltas. Son elementos críticos para tu éxito.

De nuevo – Bienvenido a la profesión. Por favor envíame un email (karlp@greatlittlebook.com) o conéctate mediante un comentario en mi blog (http://blog.smallbizthoughts.com) si quieres recibir asesoramiento personalizado. Recibo gran cantidad de correo, pero siempre lo respondo en cuanto puedo. No obstante ten en cuenta que, a veces, prefiero responder en público en el blog de manera que mi consejo pueda servir para todos, en vez de ser algo individual. Obviamente siempre protegeré al máximo tu privacidad

Ahora ha llegado el momento de empezar.

Capítulo4: Examen Rápido

1. Cuando analizamos nuevos posibles clientes, el tamaño de sus redes es menos importante que su voluntad para _____ _____. (p. 41)

2. ¿Por qué la cuestión 1 es más importante que todas las demás? (p. 41)

3. ¿Qué tres cuestiones deberías haber resuelto antes de acabar este libro? (p. 42)

      a. _____

      b. _____

      c. _____

Recursos Adicionales para Profundizar

- QuickBooks – www.intuit.com

- Business Works – http://na.sage.com/sage%20businessworks

- PeachTree – http://na.sage.com/sage-50-accounting-us

Sobre metas personales, misión y visión te recomiendo:

- Relax Focus Succeed de Karl W. Palachuk

Sobre cómo empezar un negocio:

- US Small Business Administration: Thinking of Starting a Business? – www.sba.gov/thinking-about-starting

- Entrepreneur Magazine: Starting a Business – www.entrepreneur.com/startingabusiness

5. Servicios Gestionados en un Mes

De vez en cuando suelo hablar con alguien que me dice que "los servicios gestionados no son para mí". En general esto se traduce en que han probado algo que no les ha funcionado.

Así que déjame que te haga unas preguntas.

Primero, ¿Qué quiere decir para ti servicios gestionados?

Segundo, ¿Qué es lo que has probado? Y más importante ¿lo has probado metiéndote hasta el fondo, o solo de puntillas?

Tercero, ¿durante cuánto tiempo has probado tu plan?

Veamos estas tres cuestiones en detalle.

Primero, ¿Qué quiere decir para ti servicios gestionados?

Yo defino los servicios gestionados cómo un modelo de Soporte Técnico ofrecido bajo un acuerdo de servicio que incluye tasas y servicios concretos y garantiza al consultor un ingreso. En otras palabras, en un acuerdo de servicio el cliente compra X horas al año, entonces tú eres su departamento de IT externalizado. Tu ejecutas su "departamento de IT."

La forma en que lo haces es otra cuestión. Las tarifas planas son una opción, pero no la única. El soporte remoto es otra cuestión.

Dicho esto, yo he aparecido en escena en varias ocasiones junto a una amplia variedad de "gurús" de los servicios gestionados. Todos definen los servicios gestionados de forma diferente. Para algunos de ellos no son más que una serie de servicios que se ofrecen de forma remota por una cuota mensual fija.

La verdad es que existen dos planteamientos diferentes. Lo que tienen en común es:

- Servicios prepagados
- Ingresos mínimos garantizados
- Control de las operaciones IT en la oficina del cliente y
- Acuerdos de Servicio que formalizan las relaciones entre cliente y el gestor

En realidad, los servicios que ofrecemos se parecen mucho. Lo que hemos identificado cómo "servicios gestionados" no son más que una serie de modernas prácticas de consultoría y herramientas dedicadas al mundo SMB. (Recordemos, SMB o pequeñas y medianas empresas, y se refiere a la comunidad de consultores que trabaja con esas empresas concretas).

Todos trabajamos con programas de administración profesional de servicios (p.e., Autotask, ConnectWise, o PacketTrap). Todos usamos programas de monitorización, parcheo y herramientas de informes (p.e., Continuum [antes Zenith Infotech], Level Platforms, PacketTrap). Todos obtenemos ingresos mayormente de los servicios de tarifa plana.

Todos hacemos la mayor parte del trabajo remotamente. Todos "automatizamos" nuestros procesos para reducir los costos laborales y ofrecer un mayor nivel de servicio.

De modo que ¿Qué significa los servicios gestionados para ti?

Lo que nos lleva a…

Segundo, ¿Qué es lo que has probado?

Y lo que es más importante ¿lo has probado "hasta el fondo", o solo de puntillas? Se honesto. ¿Qué es lo que has probado?

Muchas personas me comentan que han comprado uno de mis libros, o de Erick Simpson, Matt Makowicz, entre otros, pero nunca han sido capaces de implementarlos. Han comprado mi libro sobre acuerdos de servicios pero nunca han redactado uno. Han comprado un PSA pero nunca han llegado a usarlo.

Así que la pregunta es ¿Qué has hecho? Alguien compra muchas licencias de Level Platforms (una conocida herramienta RMM) pero ha acabado comprando demasiadas y no sabe cómo venderlas. Alguien ha visto herramientas de gestión (cómo ConnectWise), pero sin llegar a comprometerse en su uso. Otros están pre vendiendo compromisos por X horas al mes.

Algunos han empezado a desarrollar tarifas y servicios bajo tarifa plana. Pero el 99% de su actividad de negocio es la misma desde hace seis meses, o desde hace un año.

No puedes acudir a una clase de piano, decir "soy un desastre", y descartar el piano para siempre.

Lo que nos lleva a…

Tercero, ¿durante cuánto tiempo has probado tu plan?

Si estas atascado y no sabes que hacer, DETENTE DE INMEDIATO. Este negocio es muy serio. Es tu modo de vida. Tómatelo en serio. Deja de hacer cambios en tu negocio hasta que sepas que es lo que estás haciendo.

Estos son los pasos básicos que debes seguir:

- Empieza por crear un plan
- Crea una tarifa de tres niveles
- Descarta los clientes que ya no te sirven
- Concluye tu plan
- Redacta un acuerdo de servicio y haz que lo revise un abogado
- Imprime tu plan de precios
- Reúnete con tus clientes y deja que elijan entre tus nuevos planes. Descarta a los clientes que no quieran firmar el nuevo acuerdo.
- Cuando el dinero empiece a llegar compra un sistema PSA y un RMM. Te harán ganar aún más.

No estoy diciendo que sea fácil, pero es algo que MUCHA gente ha hecho, y que tú también puedes hacer.

Uno de los miembros de mi grupo de Profesionales IT voló a Anaheim para asistir a la Universidad de Proveedores de Servicios Gestionados. Le encantó la experiencia, pero había algo que le molestaba.

El llevaba en el negocio más tiempo del que podía recordar. Sin embargo conoció a un chico que había llegado al sector ese año y ya había vendido un millón de dólares en servicio. Su respuesta: "Tenemos que hacer esto lo más rápido que podamos."

Tú también puedes hacerlo.

El boletín mensual de Robin Robins siempre parece tener la historia de alguien que ha vendido un millón de dólares en servicios usando sus técnicas. (Consulta la sección de Recursos al final de este libro y la web de Servicios Gestionados en un Mes en ManagedServicesInAMonth.com).

Puedes hacerlo. Las herramientas y la ayuda necesaria están ahí. Para que funcione solo tienes que comprometerte. No hay nada difícil. Solo tienes que planificarlo y hacer que suceda.

¡Pero no He Hecho Nada Todavía!

Si eres totalmente nuevo en este mundo, si eres un consultor novato o si tienes algunas nociones pero no sabes cómo ponerte en marcha y aprender ¡no te preocupes!

La versión revisada de este libro tiene secciones integras dedicadas al nuevo consultor que considera el modelo de Servicios Gestionados cómo un modelo de negocio de éxito.

Vamos a zigzaguear un poco, pero el curso de este libro está diseñado sobre las tres herramientas que ya hemos mencionado: PSA, RMM y finanzas.

El Objetivo: Servicios Gestionados en Solo un Mes

Siempre suelo decirle a la gente: Puedes cambiar por completo tu negocio y convertirte en MSP en un mes. Veamos cómo.

Este libro incluye listas con lo que necesitas para ser Proveedor de Servicios Gestionados. Quiero que las utilices.

Y hazme una promesa: Envíame un correo cuando firmes tu primer acuerdo de servicios gestionados (MSA). He recibido cientos de correos de nuevos MSP en los últimos años.

Muchas de las publicaciones de mi blog ofrecen un consejo general. Compra un libro, escribe un contrato, busca una herramienta. Este libro tiene un planteamiento diferente. Aquí voy a DECIRTE exactamente que debes hacer. Sigue todo el proceso y serás proveedor de servicios gestionados.

Recuerda: siempre puedes volver a hacerlo. Tal como le digo a mis alumnos: no puedes editar una página en blanco. Escribe algo primero, cámbialo después. Esa realidad también sirve para tu negocio.

Un aviso sincero: Para que todo funcione tienes que ser riguroso respecto a las reglas, ceñirte a ellas, y hacer los ajustes necesarios lo más rápido posible.

No te limites a dejarlo a la mitad y decirme que el sistema falla. Recuerda: Enfoque. Tu único objetivo para los siguientes 30 días es firmar tu primer contrato. No te quejes. No te des por vencido.

Preparación:

Visita www.smbbooks.com y compra el libro de Erick Simpson (*The Guide to a Successful Managed Services Practice*) y mi libro de Acuerdos de Servicio (*Service Agreements for SMB Consultants*). Si ya tienes uno compra el otro. También puedes comprarlos juntos a un gran precio.

Y no, esto no es un truco para venderte más libros.

Puedes pedírselo a un amigo. O puedes pedirlo en tu biblioteca. Sea como sea, necesitas esos libros, así que ve a buscarlos.

Y evidentemente hay que leerlos. Sé que seguramente ya tengas uno o ambos libros. Así que ahora voy a ayudarte a EXTRAER Valor de ellos.

Seguramente la primera hora que factures la próxima semana cubra el gasto.

Si lo de tener un negocio es algo totalmente nuevo para ti, también puedes leer *The E-Myth Revisited* de Michael Gerber. Si hubiera un libro obligado para todos los propietarios de empresas seguramente sea este.

En el aprenderás que el mito que ronda a los emprendedores es pensar que vas a ser un buen empresario porque eres un buen técnico. Y eso no funciona así. De manera que Gerber revisa el mito y descubre que es lo que HACE que funcione.

Uno de los grandes objetivos de mi carrera cómo escritor ha sido definir e identificar los procesos para el éxito. Mi negocio está fundamentado en esos procedimientos. Procedimientos Operativos Estándar. De hecho, una de mis "aventuras" ha sido debatir sobre esos SOP en mi blog todas las semanas. Así nació SOP Friday.

SOP Friday es un gran complemento a este libro. Consulta www.SOPFriday.com para ver de qué estamos hablando. Muchos de estos SOP pueden ser implantados por cualquier. Otros requieren de una empresa MSP activa y en funcionamiento.

Capítulo5: Examen Rápido

1. ¿Cómo defines los Servicios Gestionados? (mi definición en la p. 44)

2. Si estas atascado, deberías dejar de hacer cambios en tu empresa hasta que _____. (p. 46)

3. ¿Cuál es tu único objetivo para los próximos 30 días? _____ (p. 49)

Recursos Adicionales para Profundizar

*   Autotask – www.Autotask.com

*   ConnectWise – www.ConnectWise.com

*   Continuum – www.Continuum.com

*   *E-Myth Revisited, The* de Michael Gerber

*   *Guide to Selling Managed Services* de Matt Makowicz

*   *Guide to a Successful Managed Services Practice de* Erick Simpson

*   Level Platforms – www.LevelPlatforms.com

*   PacketTrap – www.PacketTrap.com

*   Robin Robins – Autor de Technology Marketing Toolkit – www.TechnologyMarketingToolkit.com

*   *Service Agreements for SMB Consultants* de Karl W. Palachuk

*   SOP Friday ofrece un excelente complemento a este libro. Consulta www.SOPFriday.com

II. Empecemos...

6. Empieza Trazando un Plan

Este tema tiene tres sencillas secciones:

1) Mueve el trasero. Empieza por trazar un plan.

2) Reglas y Políticas

3) Conoce que es lo que Quieres Vender

Vamos a ello:

Primero, mueve el trasero.

El elemento más importante del éxito de tu proyecto es: Hazlo. No dudes. No pierdas el tiempo. Ponte en marcha y no te detengas.

Necesitaras dedicarle algo de tiempo cada día. Lleva contigo papel y escribe tus ideas, pensamientos y decisiones.

Recuerda: No pierdas el tiempo. Toma decisiones y ponlas en marcha. No tengas miedo. Todas las decisiones son reversibles.

Empieza por hacer un plan. Mira hacia delante. Mantén el proceso vivo en tu mente. Vas a reformular tu oferta y a estandarizarla. Seguramente subas tus tarifas.

Si ya estas establecido en el sector, seguramente vas a tener que descartar algunos clientes. Empieza a pensar a quien les vas a referir para que les ayuden. Vas a escribir un par de acuerdos de servicio. Toma notas sobre lo que vas a incluir en ellos.

Considera tu nuevo plan de precios. ¿Qué aspecto tiene? Revisa tus pensamientos sobre el software de gestión práctica, de gestión remota o el software de gestión técnica.

No tienes que tomar todas las decisiones en un día. Solo considéralas seriamente y empieza a crear tus notas.

Segundo, Reglas y Políticas

Aquí tienes algunas sugerencias para facilitarte la vida y permitir que tu negocio fluya mejor. Si aún no has implementado estas Reglas y Políticas, te recomiendo encarecidamente que lo hagas.

Estas reglas tienen que ver con los flujos de caja, que pueden matar a tu negocio si crece demasiado deprisa y no dispones de un sistema para tenerlos controlados.

Muchos consultores trabajan con cobros a 20 o 30 días. Algo que no puedes hacer nunca más con el software y el hardware. No asumas que perderás ventas. Asume que tu cliente dirá "de acuerdo", aunque le cueste. Después de todo si no te lo compran a ti tendrán que comprarlo con su tarjeta de crédito a través de Internet.

Estas son tus nuevas políticas:

1. El hardware y software debe pagarse por adelantado. Es sencillo. Tú envías al cliente un presupuesto. Él lo acepta y te envía un correo o un fax con sus datos bancarios (lo veremos después) o su tarjeta de crédito. También puede enviarte un cheque. Y solo entonces tú encargas el equipamiento.

2. Todos los contratos deben pagarse por adelantado. Una opción es cargar el primer mes por tarjeta de crédito. También puedes cobrar tres meses por adelantado en un cheque bancario.

3. Todavía seguirás trabajando por horas (cualquier cosa que este fuera del acuerdo de servicio de tarifa plana). Estos pagos se realizarán a 20 días.

4. Evaluaras y cargaras los gastos financieros el primer día del mes por los importes pendientes de cobro que tengas. Debes hacerlo. En algunos Estados es necesario tener un acuerdo firmado para poder exigir ese cobro.

5. Todos los clientes deben firmar un acuerdo de servicio. Algo que ya deberías estar haciendo.

Obviamente no puedes hacerlo todo en un solo día. Así que empieza por ir implementando estas sencillas reglas. Los clientes no deberían extrañarse ya que son cuestiones razonables dentro del mundo empresarial. El extraño que firma un acuerdo para reparar la fotocopiadora tiene todas estas normas. Tú, el socio de confianza, no deberías tener problemas.

Tercero, Saber qué es lo que Sabes sobre lo que Vas a Vender

El tercer paso lleva algo más de tiempo. Si nunca has hecho un análisis financiero, te recomiendo que lo hagas una vez al mes.

El objetivo es saber de dónde viene el dinero. Quien te paga. Todos pensamos que sabemos cuales clientes son "importantes" y cuales no lo son. Cada vez que hago la lista de mis "diez mejores clientes" mi personal se asombra al ver quiénes son realmente.

Esta cuestión implica el uso de QuickBooks porque es la herramienta que usamos. Si usas otra diferente, traduce y piensa en los mismos términos de informes.

Nota para Recolectar los Datos Correctos

Cuando vendemos, es necesario usar las categorías adecuadas a cada dato. Mucha gente tiene muchos, o muy pocos elementos. Nosotros usamos estos:

- Hardware
- Software
- Otros productos
- Trabajo – Por Horas
- Trabajo – MSA (Acuerdo de Servicios Gestionados)

Si eres capaz de usar las categorías adecuadas cuando haces ventas, también podrás hacerlo cuando realices informes. Si no lo haces entonces tus informes no servirán de nada. Tendrás que bucear un poco más.

Empieza por crear estas categorías. Pide consejo a tu contable, si lo necesitas.

Ahora extrae algunos datos del sistema. Ajusta lo que sea necesario. Adapta tus categorías actuales.

Informe Uno: Ventas por Artículo

Cómo: En QuickBooks, ve al menú *Reports* y elige *Sales*, y después *Sales by Item Summary*.

Objetivo: ¿Donde estamos ganado dinero? Con este informe puedes saber cuáles son las fuentes de ingresos de tu negocio.

Principalmente nos interesa el *trabajo*. Entendemos que el hardware y software se venden ocasionalmente, por separado, y fuera de los acuerdos que firmamos con los clientes.

Así que, dentro de la categoría de trabajo, ¿Cuánto ingresas por tarifa plana o a precio fijo y cuanto por hora?

Informe Dos: Ventas por Cliente

Cómo: En QuickBooks, ve al menú *Reports* y elige *Sales*, y después *Sales by Client Summary*.

Objetivo: Saber quién nos está ingresando dinero.

Tan sencillo cómo ¿Quién es mi mejor cliente? ¿Qué porcentaje de mis ingresos procede de él? ¿Y cuál es el segundo.. o el tercero? ¿En qué porcentaje?

Muchos consultores saben cuál es su mejor cliente. Pero la mayoría NO sabe cuáles son sus diez mejores clientes. ¡Y a muchos les sorprende que el #5 o #6 este entre esos diez mejores! Recuerda, tu psicología hace que la importancia de las quejas de un cliente aumenten cuanto más importante ese cliente es, o cuando más crees tú que realmente lo es. Pero al final del año no será mucho mejor que ese cliente que solo paga su factura y nunca se queja. Por eso tienes que centrar tu visión en la realidad, y no en la subjetividad.

Informe Tres: Crear un Informe Personalizado: Ventas de Trabajo por Cliente

Objetivo: Saber cuál es tu mayor cliente referido solo a ingresos por trabajos.

Para saberlo tienes que crear un informe personalizado. Veamos cómo:

En QuickBooks, ve al menú *Reports*, a *Sales*, y después *Sales by Customer Detail*. Cambia los filtros. Para Items, selecciona solo los relacionados con trabajo. Para Name, elige un cliente concreto. Elimina las columnas que no necesites (balance, margen, etc.). Cambia las fechas para cubrir el último año.

Ejecuta este informe para cada cliente. Así sabrás lo que ese cliente ha gastado en mano de obra en los últimos doce meses.

Crea una tabla con la información, similar a esta:

ABC Company	$ 27,955
DEF Company	$ 24,345
GHI Company	$ 24,290
JKL Company	$ 23,210
MNO Company	$ 21,230

Ya lo tenemos.

Estos resultados muestran la información sobre lo que tus clientes gastan realmente. Y seguro que la información tiene sorpresas. Todos tenemos clientes que, hasta que no hacemos este estudio, no vemos que son realmente grandes clientes. Sin embargo ellos gastan grandes cantidades regularmente sin quejarse. ¡Todos queremos más gente cómo ellos!

Ordena tus clientes en función del importe gastado en trabajo. Asegúrate de tener una columna con porcentajes y totales.

Ahora empieza trazando una línea para marcar el 10% de las ventas, el 20%, el 30%, etc. Muchos consultores SMB descubren que sus diez mejores clientes cubren el 50% de todos sus ingresos. En algunos casos la cifra llega al 90%

Pinta algunas líneas oscuras sobre los clientes que no gasten nada. Seguramente quieras deshacerte de esos clientes si su actitud no cambia. Siempre puedes traspasárselos a otro consultor que se centre en su negocio o en sus necesidades.

Algunas líneas serán muy obvias. Si un cliente gasta $100,000, otro $50,000 y otro $25,000, las cosas están muy claras. También puedes trazar líneas sobre los $1,000, $2,000 o $3,000. ¿Cómo de pequeños quieres que sean tus clientes?

No tienes que responder al momento. Pero con estos y otros informes ya puedes empezar a pensarlo. Obtén una imagen clara del origen de tus ingresos. Empieza a ver a tus clientes desde una perspectiva financiera.

Ejecuta este informe para cada cliente. Conserva esos informes. Cuando llegue el momento de firmar un acuerdo de servicio seguramente te preguntarán "¿Cuánto gasté el año pasado?" Eso no quiere decir que tú ofrezcas cifras inferiores. De hecho cuando llegues a la reunión ellos estarán pensando que has subido tus tarifas. La pregunta es ¿Cuánto?

Estas cifras también pueden ayudarte a crear la oferta de servicio de tres niveles que encaje en las expectativas del cliente.

Tenemos mucho trabajo, así que a ello. Sin excusas ni dilación.

Si no tienes esta información, no te preocupes. Compra QuickBooks y empieza a usarlo hoy mismo.

Nota: No me gusta ser arrogante gastando con la cartera de otra persona. Odio que QuickBooks sea tan caro y que Intuit sea peor que un dolor de muelas a la hora de trabajar con él. Pero es EL producto que va a gestionar tus cuentas. Así que hay que tragar. Si aún no lo tienes, debes comprarlo.

Recuerda, si no tienes esa información tienes que seguir el programa de "Servicios gestionados en un mes" y poner esos procesos en marcha.

"Tenemos un Correo"

Respuesta respecto del Cash Flow o Flujos de Liquidez

Ken nos pregunta sobre los flujos de caja durante el proceso de transición al modelo de servicios gestionados. Una gran pregunta con una larga respuesta.

Algunos pensamientos que tengo.

Primero, la transición a un modelo de pago por adelantado supone una inyección de dinero.

Segundo, la transición a un modelo de tarifa plana por servicios gestionados supone otra inyección de dinero.

Tercero, tu preocupación es perder clientes.

Veamos estas tres cuestiones:

Primero, la transición a un modelo de pago por adelantado supone una inyección de dinero.

Así es cómo funciona:

Planteamiento Antiguo (Cada cliente paga $500) :

Cliente #1 Facturado Ago. 1 Vence Ago. 1	Paga Ago. 30
Cliente #2 Facturado Ago. 1 Vence a Recep.	Paga Ago. 5
Cliente #3 Facturado Ago. 1 Vence a Recep.	Paga Ago. 10
Cliente #4 Facturado Ago. 1 Vence a Recep.	Paga Ago. 20
Cliente #5 Facturado Ago. 1 Vence Ago. 20	Paga Ago. 10
Cliente #6 Facturado Ago. 1 Vence Ago. 20	Paga Ago. 15

Con esos datos los flujos de caja, entradas/ salidas, son los siguientes:

Todo el trabajo se realiza en agosto. Digamos que tienes empleados, que cobran $1,800 por este ingreso previsto de $3,000. Los empleados cobran a tiempo.

Balance en Ago. 1:		-$ 1,800
Pago de Ago. 5 =	$ 500	
Balance en Ago. 5:		-$ 1,300
Pago de Ago. 10 =	$ 1,000	
Balance en Ago. 10:		- $ 300
Pago de Ago. 15 =	$ 500	
Balance en Ago. 15:		$ 200
Pago de Ago. 20 =	$ 500	
Balance en Ago. 20:		$ 700
Pago de Ago. 30 =	$ 500	
Balance en Ago. 30:		$ 1,200

Veamos la diferencia con **pagos por adelantado:**

Cliente #1 Facturado Julio 15	Vence Ago. 1	Paga julio 30
Cliente #2 Facturado Julio 15	Vence Ago. 1	Paga julio 31
Cliente #3 Facturado Julio 15	Vence Ago. 1	Paga Ago. 1
Cliente #4 Facturado Julio 15	Vence Ago. 1	Paga Ago. 1
Cliente #5 Facturado Julio 15	Vence Ago. 1	Paga Ago. 2
Cliente #6 Facturado Julio 15	Vence Ago. 1	Paga Ago. 3

Los flujos de entradas/ salidas, son los siguientes:

Gastos de Agosto y Balance previo   - $ 1,800

Pagos de Ago. 1 = $ 2,000
Balance a Ago. 1: $ 200

Pagos de Ago. 3 = $ 1,000
Balance a Ago. 3: $1,200

El resultado financiero es el mismo. Pero con el prepago alcanzas ese balance positivo de $1,200 veintisiete días antes.

El riesgo del Cash Flow : muchos gerentes no son capaces de verlo hasta que es demasiado tarde, viéndose obligados a pedir dinero prestado para seguir operando. O empezar a pagar con tu tarjeta de crédito. O a pedir una línea de crédito.

Consulta de nuevo las tablas. ¿Quieres tener un cash flow negativo hasta el día 15? ¿Cómo cubres ese descubierto? Puedes cambiar el día de pago al día 5. Si lo hicieras (en este ejemplo) nunca tendrías un cash flow negativo porque tendrías $3,000 disponibles dos días antes de tener que gastar esos $1,800.

Así que lo "básico" de todo es: cuando tus clientes cambian a un modelo de prepago el dinero fluye más deprisa. Está en tus bolsillos y no en los de los demás.

El sistema de prepago tiene otras ventajas; pero no vamos a meternos más en eso.

Segundo, la transición a un modelo de tarifa plana por servicios gestionados supone otra inyección de dinero. Cuando haces ese cambio ocurren dos cosas.

La primera: Empiezas a cobrar una cuota inicial. Aunque para ser sinceros esta cuota es flexible y puede servirte de argumento de venta.

Supongamos que esa cuota es el 50% de tu cuota mensual.

Si estas ante un gran cliente, que paga a tiempo, que ya tienes registrado en Continuum/LPI/PacketTrap/etc., puedes "perdonarle" esa cuota. El cliente claramente va a apreciar el gesto.

Pero si el mes acaba de empezar o está mediado, y es un cliente normal, entonces debes cobrarle su cuota. Es algo que ayuda a pagar lo que queda del mes.

Así que ya tienes un ingreso procedente de esa cuota inicial.

La segunda: Cuando un cliente se incorpora al modelo de tarifa plana, empieza un viaje en el mundo del prepago. Hay dos opciones. Pueden darte tu número de tarjeta donde tú giras los cobros todos los meses. Algo que se hace el primer día del mes y que tarda 2 o 3 días laborables en estar disponible.

Si no son partidarios de usar tarjeta, pueden pagar por talón bancario. A estos clientes se les exige el pago de tres meses por adelantado. Mucha gente, al saberlo, también se sube al autobús de la tarjeta, pero aquellos que acepten te estarán adelantando nada menos que tres cuotas de servicio.

¡Y eso sí que es cash flow!

Tercero, tu única preocupación es perder clientes.

Ken: Te conozco. Tus clientes te adoran. Quieren que sigas siendo su departamento de IT externo. No quieren perderte. Y mientras no les decepciones, o los eches deliberadamente, no te perderán.

No lo plantees cómo "O haces estoy o te dejo". Mejor sería decirles "¿Quieres que siga siendo tu proveedor de servicios?¿Si?

"Estupendo. Tenemos tres opciones. En primer lugar déjame decirte que, conociendo cómo conozco tu negocio, creo que la opción Platino es la mejor para tu empresa…"

Seamos sinceros:, sabemos que algunos clientes no van a cambiar. Nos ocuparemos de eso más adelante.

Pero lo que te va a sorprender es la cantidad de clientes que firman un acuerdo Platino después de no haber gastado mucho. Y cuando les preguntes el motivo te responderán "Nunca me pediste que firmase un acuerdo Platino antes."

Todo cambio implica temor.

Ken, llevas muchos años en esto. Y todo cambio resulta algo incómodo. Pero ha llegado el momento.

Solo te pido que firmes UN acuerdo de servicio antes de fin del mes. ¡Solo UNO! Puedes hacerlo, y lo sabes.

No te preocupes por el cash flow. No va a destruir tu negocio.

Solo hazlo.

"Tenemos un email"

Adiós con el corazón…

Luis nos pregunta algunas preguntas interesantes sobre la comunicación en el periodo de transición. En concreto ¿Cómo despedirnos de un cliente?

Primero, el proceso de transición.

Si tenemos un boletín mensual para nuestros clientes pondremos un breve aviso en él, avisando del futuro cambio.

De inmediato empezamos a trabajar en las necesidades de hardware, software, etc. del modelo de prepago. Nadie ha perdido un ojo por hacerlo. De hecho es algo razonable.

La transición a los nuevos acuerdos de servicios es algo diferente. Cuando creamos un acuerdo de servicio no tenemos más que incluir esos términos. Cuando creemos nuestra nueva Tarifa (Siga conectado: hablaremos del tema en el próximo capítulo), solo tenemos que añadir un asterisco al pie de página que diga que todos los servicios deben abonarse mensualmente mediante tarjeta de crédito o por cheque bancario con el abono de tres cuotas integras.

Cuando nos sentamos con el cliente (Siga Conectado: tema a tratar), les estamos avisando de que nos estamos moviendo hacia un modelo de prepago. En nuestra experiencia no más de un cliente – uno solo – tenía una pregunta acerca de este cambio.

Sé que parezco un disco rayado, pero no es broma.

Los clientes a los que consideras cómo tacaños acabarán firmando un acuerdo Platino y pagando sus tres meses por cheque. Solo porque tú se lo has pedido. Te conocen, te adoran y necesitan de tus servicios. Tú has empezado a tratar tu negocio de forma profesional. Y ellos se alegran por ti.

Segundo, el proceso de despedida.

¿Cómo decir adiós? Vamos a verlo. El secreto es establecer un límite de tiempo para firmar el nuevo acuerdo.

Si te dejan claro que no van a firmar el nuevo acuerdo no hay más que hablar y decirles, "Bien. No hay problema. Sé que esta oferta no es para todo el mundo. Trabajamos con un grupo de profesionales IT entre los que podemos encontrar un técnico cualificado que te ofrezca el soporte que necesitas."

Cuando te vean marchar, pensaran si es que realmente quieren dejarte marchar. Si no sabes más de ellos, les envías esta carta:

Estimado Señor X,

Cómo ya sabe, estamos replanteando nuestro servicio para ofrecer servicios gestionados a todos nuestros clientes.

Hemos disfrutado trabajando con usted durante los últimos años, pero debido a que ha decidido no aceptar el nuevo acuerdo que KPEnterprises le ofrece para su nueva oferta de servicios gestionados, no nos resulta posible poder seguir prestando servicio a su empresa.

Por nuestro acuerdo de servicio vigente, ruego acepte esta carta cómo el aviso con treinta días de antelación por lo que resolveremos nuestra relación comercial. Obviamente atenderemos hasta entonces cualquier incidencia que pueda tener, tal cómo hemos venido haciendo hasta hora.

También podemos ayudarle a tener una transición suave hacia otro proveedor de servicios.

Si lo desea podemos ayudarle a encontrar otro proveedor de servicio técnico. Estoy muy relacionado con el grupo de profesionales IT de Sacramento, por lo que puedo ayudarle a encontrar al profesional adecuado en poco tiempo.

Es muy importante que encuentre a una persona debidamente certificada en la tecnología de la que dispone y enfocada a pequeñas empresas.

Buena suerte en sus futuras operaciones. Si finalmente decide que le gustaría volver a trabajar con nosotros, por favor no dude en llamarnos.

Muchas gracias por su atención. Le deseo el mayor de los éxitos para su futuro.

Atentamente,
Un Consultor Cargado de Talento

Tuvimos un cliente al que calificamos cómo marginal. No parecía estar interesado en nosotros. No nos devolvía las llamadas y no quiería nada de lo que le decimos.

Y justo al día siguiente de enviar esta carta nos llama y nos dice: "No me dejen. Estoy firmando el acuerdo ahora mismo."

Gracias por estas excelentes preguntas. Pero no te vayas tan lejos por ahora. Empieza por cumplir con los informes y la investigación que hemos comentado y estarás listo para saltar a la Sección IV.

En el capítulo ocho crearemos esa estructura de precio de tres niveles que hemos mencionado. Mientras, paciencia. Vamos a ver el proceso desde la perspectiva de un consultor que empieza en este negocio.

Capítulo6: Examen Rápido

1. ¿Cuál es la parte más importante de este proyecto? (p. 51) .

    _____

2. Para generar los informes que necesitas, ¿Qué tienes que hacer cuando haces una venta? (p. 54)

    _____

3. ¿Por qué consigues una inyección económica durante la transición a un modelo de servicios gestionados por tarifa plana? (p. 61)

    _____

Recursos Adicionales para Profundizar

- Continuum – www.continuum.com

- Level Platforms – www.levelplatforms.com

- PacketTrap – www.packettrap.com

- QuickBooks – www.quickbooks.com

- Blog de SOP Friday – www.SOPFriday.com

7. Empezar de Cero, sin Clientes a los que Migrar

Mucha gente me pregunta si este libro puede ayudar a los nuevos consultores que quieren empezar cómo proveedores de servicios gestionados. Honestamente debo decir que la primera edición estaba centrada sobre las empresas ya existentes, de modo que solo el 50% de su contenido resultaba útil a los nuevos consultores.

Aunque hay una gran cantidad de consejos disponibles para todos, no hay tanto contenido centrado en los "recién llegados." Por eso quiero, en esta segunda edición, ayudar a ambos grupos por igual. Por eso hay tantos capítulos dedicados a las nuevas empresas de IT, incluyendo este mismo.

Si nunca has hecho algo antes es probable que no sepas por donde empezar ni lo que debes hacer. Se te dan bien las redes y los ordenadores. Disfrutas de este mundo cómo trabajo y cómo pasatiempo. ¿Pero cómo convertirlo en tu profesión?

Hay libros y libros dedicados a cómo empezar un negocio – incluso cómo ser consultor de IT. Así que no es este tema el que voy a desarrollar. A cambio prefiero ofrecer algunos buenos consejos dedicados concretamente a quienes quieren proporcionar servicios gestionados.

Por favor lee: *The E-Myth Revisited*

El mejor libro que leí cuando empecé mi negocio es *The E-Myth Revisited* de Michael Gerber. Siempre me he considerado afortunado por haber podido encontrar este libro tan pronto. Está lleno de grandes lecciones, aunque prefiero centrarme en sus tres principales lecciones:

1. Para tener éxito debes gastar tiempo en trabajar dentro en tu negocio, y no simplemente en tu negocio.

2. El hecho de tener ciertas habilidades no supone que vayas a ser un buen gerente de empresa.

3. Estandariza y sistematiza todo lo que puedas. Todo quiere decir todo.

Cuando empiezo a trabajar cómo coach con un nuevo cliente, el 100% de ellos sabe que están gastando demasiado tiempo "en su negocio" y no "dentro de su negocio". El 100% de ellos tienen pocos o carecen por completo de procesos empresariales o procedimientos estandarizados. El 100% de ellos es consciente de necesitar una gran ayuda para poder satisfacer las operaciones de su empresa.

Este capítulo no trata sobre los aspectos prácticos que necesita tu negocio. Es muy fácil crear una empresa, obteniendo las licencias necesarias, encontrado los productos que vas a vender y poniéndote en marcha. Lo difícil es dirigir tu empresa hacia las *cuestiones correctas* desde el principio.

Hay seis cimientos que debes asentar antes de arrancar tu empresa y tener un negocio de servicios gestionados de éxito:

Primero, define tus objetivos personales y tu estilo de vida.

Segundo, define el propósito y los objetivos de tu empresa.

Tercero, encuentra e implementa la herramienta de control y mantenimiento (RMM) con la que vas a realizar tu trabajo.

 Cuarto, busca e implementa la herramienta de automatización de servicios profesionales (PSA) que tu empresa necesita.

Quinto, configura la herramienta financiera (p.e., QuickBooks) que te permita conocer la salud financiera de tu empresa y poder desarrollar planes estratégicos.

Sexto, diseña procesos y procedimientos rigurosos para que tu empresa funcione correctamente – contigo o sin ti.

Muchas actividades surgen de la creación de estos cimientos. Y cada una de ellas tiene un gran nivel de detalle al que es necesario prestar atención. Además es posible que haya otras actividades que también quieras controlar. Por ejemplo, puede que te decidas a desarrollar un riguroso plan de ventas y marketing. Si lo haces, ese plan precisará de procesos concretos para mantener tu compañía y su crecimiento.

Este libro recoge, en gran medida, lo necesario para elegir las herramientas adecuadas (RMM, PSA, finanzas). Los siguientes capítulos desarrollan esas seis áreas que hemos definido.

Ocasionalmente, cuando ya seas un proveedor de servicios gestionados y pongas todos estos cimientos en su sitio, seguramente tendrás que atender a cientos de detalles concretos. Pero si eres capaz de lograr los objetivos básicos y firmar tu primer contrato habrás recorrido ya buen parte del camino.

Y ¡sí! ¡Es posible convertirse en proveedor de servicios gestionados en solo un mes!

Tu Camino hacia el Éxito

El paso más importante en cualquier búsqueda del éxito es crear tu propio camino. Esto quiere decir que necesitas una misión personal, una visión personal del futuro. Algo que te lleve a tus objetivos concretos. Si no sabes por qué estás haciendo algo, más te vale que lo descubras rápido.

Si no sabes por qué tu empresa existe ni lo que quieres hacer, ¡entonces nunca podrás alcanzar tus objetivos! No sabes lo que quieres hacer, ni cómo llegar allí, ¡ni siquiera sabes donde estas!

Tu objetivo principal no debe ser el dinero. Puedes ganar dinero haciendo cualquier cosa. Tu objetivo es saber para qué quieres ese dinero: ¿Para viajar? ¿Para jubilarte? ¿Caridad?

Cuando sepas para qué trabajas ya puedes pensar en el motivo que hace que tu negocio exista. Cuando encuentras tu camino ya sabes por qué existe tu empresa. Y una vez que tienes un camino marcado eres capaz de saber qué es lo que deberías hacer, y lo que no deberías hacer.

Hay muchos libros dedicados a la búsqueda de tu objetivo y al equilibrio en tu vida (consulta la sección de recursos al final de este capítulo). Por ahora solo te recomiendo, encarecidamente, que te tomes todo esto en serio y trabajes duro. Es algo que puede hacer que tu vida completa sea mucho mejor y que tu empresa mejore su funcionamiento.

¡Por Favor, nada de Break/Fix!

Me gusta darle a la gente un par de consejos a la hora de elegir su modelo de negocio:

- No tienes que agarrar cada monedita que encuentres.

-No tienes que adoptar a todos los adorables cachorritos que te cruce por la calle.

Mucha gente empieza a trabajar aceptando todos los encargos que puede encontrar. Este es el *peor hábito* que cualquier gerente de empresa puede tener. Es justo lo contrario a tener una visión clara y directa sobre tu camino hacia el éxito.

Los propietarios de empresas se mienten a sí mismos cuando aceptan trabajos de este tipo.

"Es para empezar."

"Tengo que hacerlo."

"Una vez que me afiance no volveré a hacerlo más."

Es justo lo que hacen los adictos. Puedes verte absorbido por el mundo del break/fix y no poder salir de él. Primero empiezas a mentirte a ti mismo, después mientes a los demás.

Por esto precisamente el modelo break/fix es infernal. Primero, es el modelo menos eficiente de trabajo. Tienes que poner toda tu atención en cada hora que facturas. De hecho, y segundo, facturas menos horas de las que trabajas porque…

Tercero, los clientes que tienen esta mentalidad y los que retrasan las reparaciones al máximo, compran siempre los equipos más baratos y quieren que los arregles para siempre.

Cuarto, cada hora que desperdicias con los tacaños del break/ fix es una hora que no puedes usar en encontrar un cliente de servicios gestionados que esté dispuesto a gastar $1,000 mensuales (por ejemplo) en tus servicios.

Esta es una verdad absoluta que puedes aceptar hoy o aprender con el paso de los años: *Hay gente que invierte realmente en tecnología, y gente que gasta poco y mal en tecnología.*

Si quieres hacerte rico necesitas a la gente que quiere gastar dinero. Si solo trabajas para quienes apenas gastan, tendrás problemas para sobrevivir. No estoy exagerando. Mucha gente entra a este negocio pensando que va a poder facturar $100 la hora, pero luego apenas pueden pagar sus facturas.

La consultoría tecnológica es un negocio de personas – un negocio de servicios. Seguramente te guste la gente más que a la mayor parte de nerds con los que te has cruzado en otras empresas. Por eso cuando te llama un cliente break/fix, quieres ayudarle. En este punto ocurren dos cosas.

La primera es que vienen con un problema bajo el brazo. Un problema que puedes resolver. Segundo, sabes al momento que con ese problema puedes ganar algo de dinero. Quizá ciento o doscientos dólares. Incluso quinientos. Este es el síndrome del cachorro: Pobre chico, se le ha averiado su servidor y tú puedes ayudarle a repararlo. Aun si no necesites ese dinero – o cuando sabes que puedes hacer otras cosas – tienes que enfrentarte a ese pobre chico que está ante ti, mirandote con sus ojos de cachorro sin saber cómo arreglar su equipo.

El hecho de decirle "no" requiere de compromiso y dedicación a tu propio éxito. Ese "no" quiere decir que tienes un objetivo y un camino marcado hacia el éxito real. Cómo emprendedor puede parecer un error rechazar dinero. Pero tienes que creer en tu visión y en tu plan.

Para ayudarte a resistir la tentación te puede venir bien tener a mano a un amigo que esté dispuesto a aceptar esos trabajos, que cuide a los cachorritos. Así que únete a los grupos de IT Pros. locales y conoce a los miembros de tu comunidad.

Y créeme: cuando firmes tu primer acuerdo de servicios gestionados y te veas con un ingreso comprometido de $12,000 para el año siguiente ¡resultará mucho más sencillo dejar pasar esos centavos!

Este es el final de la pesadilla Break/Fix.

Nota: Veremos algunas de las "mejores prácticas" para mantener los beneficios en el Capítulo diecisiete. Por ahora te pido que te ciñas a las seis Cimientos que he comentado. Comprométete con los servicios gestionados y deja el modelo break/fix. Por favor no te infravalores y caigas bajo las garras del pánico financiero.

Crea tu propio plan y cúmplelo. Pon el 100% de tu energía en encontrar el cliente con el que firmarás tu primer acuerdo. Después dale toda la atención necesaria y toma el 100% del tiempo restante en encontrar el segundo cliente.

Puedes hacerlo. Y puedes hacerlo muy deprisa.

Consejos Sensatos

Cómo veterano de este negocio he visto, y cometido, muchos errores. Pero suelo centrarme en lo que funciona porque sé que es más fácil ayudar a alguien a avanzar diciéndole lo que funciona en vez de lo que no.

De vez en cuando me gusta hablar sobre "qué harías de otra manera si tu empresa empezase hoy". Algunos consejos van con el tiempo pues ciertas tecnologías no existían entonces. Pero la mayor parte de estos consejos son universales.

Aquí tienes algunos de esos consejos sabios que la gente siempre hubiera querido saber al empezar con su negocio.

- Céntrate en las tareas de alto valor. No pierdas tiempo ni energías con aquellas tareas que no te den rendimientos.

- Enfoca tu negocio todo lo que puedas (encontrando un nicho de mercado). Puede sonar algo contraproducente cuando estas empezando, pero es cierto.

- Rodéate de personas inteligentes, positivas y divertidas.

- Busca la mejor ayuda profesional (abogados, contables, etc.) porque a largo plazo van a ahorrarte dinero.

- Nunca hagas negocios con amigos.
  Puntualización: Creo que esto es cierto al 90%. Hay excepciones, pero las relaciones de amistad provocan que las decisiones empresariales sean más difíciles.

- Tampoco contrates nunca a tus familiares.
  Puntualización: normalmente estoy de acuerdo con este punto. Sin embargo yo mismo tuve contratado a mi hermano Manuel Palachuk en mi empresa unos 7 u 8 años, en los que hizo maravillas por mi negocio.

- Si trabajas con tu pareja debes decidir rápidamente si es algo bueno para tu empresa y tu vida personal. Debes plantearlo desde los dos puntos de vista. Si es malo, no lo hagas. Solo así podrás salvar tu negocio y tu matrimonio.

- Externaliza todo lo que puedas. Delega todo lo que puedas. A final de cuentas: usa las personas de forma que te ayuden a hacer más.

- El miedo es el mayor obstáculo del éxito.

- Solo tienes que ser un poco mejor en tu negocio para ser superior a tu competencia. No hay mucha gente que tenga la excelencia cómo objetivo.

- El momento perfecto para despedir a alguien es justo cuando se te ocurra por primera vez. Si lo haces después te costará más y más trabajo aceptar lo inevitable.

- Ten cuidado con los consejos. Mucha gente te dice alegremente lo que ellos harían. Pero eres tú quien debes hacer lo que quieres. Escucha a gente de éxito.

- Papeles para todo. Documenta todo lo que hagas. Cada promesa, cada procedimiento, cada proceso, todo. Si quieres tener éxito deberías casi clonarte, y esto equivale a tener todos los documentos al día.

- Valórate bien. Nunca seas el más barato de tu mercado. Si eres competente, intégrate en la parte más cara del mercado. Nunca pierdes dinero cobrando más. Si no estás seguro de que tan bueno eres, quédate en la parte media del mercado.

- Define a tu cliente ideal y sal a buscarlo. No te preocupes por todo el dinero que te puedas dejar en el camino. Solo con ganar algo de dinero de esos clientes ideales tendrás suficiente para tener éxito.

- Despide y desecha a los clientes negativos, abusones, que no paguen las facturas o que estresen a tu empresa. Mi hermano dice que debería escribir un libro sobre cómo hacerse rico deshaciéndote de tu mayor cliente.

- Tu primer empleado debe ser un administrativo y no un técnico. Así desaparecerá gran cantidad de trabajo y tú estarás libre para dedicarte a tareas más productivas.

- ¡Se tú mismo! Se auténtico. No te preocupes por cómo hacerte con tus clientes potenciales. No te conviertas en quien no eres por tal de tratar de ganar clientes. Se tú mismo y verás cómo los clientes vienen a ti.

- Nunca, nunca, nunca retires dinero de tus fondos de pensiones. Sé que es algo difícil de creer, sobre todo si eres joven, pero siempre deberías dejar morir a tu empresa antes de acabar con tu sustento y el de tu familia. Y aun así, la gente lo hace continuamente.

- Ningún cliente es indispensable. Ningún empleado es indispensable. Ni siquiera tú eres indispensable.

Créeme: Encontraras miles de libros sobre muchos de estos temas. Así que mi mejor consejo es…

- Nunca dejes de aprender.
  Aprende nuevas tecnologías, nuevas técnicas.

Aprende sobre tu negocio, sobre la gente y sobre el mundo. Lee todo lo que puedas. O si no escúchalo en audio.

Una empresa no es "algo" que existe. Es un ser vivo que evoluciona y que tienes que mantener debidamente actualizado.

Puede parecer mucho trabajo porque lo es. No importa lo divertido que te parezca, porque tienes que trabajar duro para tener éxito.

Capítulo7: Examen Rápido

1. ¿Cuántos "cimientos" hemos definido en el Capítulo Siete?
    _____ (p. 70)

2. No tienes que agarrar cada _____
    ____. El hecho de tener ciertas habilidades no supone que _
    _____. (p. 69)

3. El primer empleado que debes contratar es _____
    _____. (p. 77)

Recursos Adicionales para Profundizar

*   *E-Myth Revisited, The* de Michael Gerber

Algunos recursos para equilibrar tu vida personal y laboral:

*   *Relax Focus Succeed* de Karl W. Palachuk

*   *The Relaxation Response* de Herbert Benson and Miriam Z. Klipper

*   *How to Make a Buck and Still Be A Decent Human Being* de Richard C. Rose and Echo Montgomery Garrett

*   *What Would a Wise Woman Do?* de Laura Steward Atchison

8. Crear una Tarifa de Precios de Tres Niveles

En el último capítulo hemos visto lo que tu empresa necesita para caminar en la dirección correcta. Ahora vamos a crear la estructura de precios de tres niveles que necesita.

No es difícil pero si es importante. Y lo es por tres razones.

Primero, porque tienes que definir que es lo que vende tu empresa. Antes de esto tu empresa puede vender todo lo que tú quieras que venda. Pero ahora, con esta estructura, vas a vender productos que tienen sentido, que muestran lo que tu empresa hace y que ganan dinero.

Segundo, vas a usar esta estructura dentro del proceso de ventas. Serás capaz de poner esta tabla frente a un cliente y decirle " Escoge uno". Y elija la que elija, tú vas a ganar dinero. Aún mejor, una vez que el cliente escoja una, vas a firmar un acuerdo de servicio con él y vas a empezar a cobrarle por adelantado.

Tercero, vas a usar esta estructura de precios para organizar el resto de tu transición cómo Proveedor de Servicios Gestionados. Nosotros hemos escrito literalmente esto en el muro que está frente a nuestros escritorios. Nos ayuda a guiar nuestras decisiones de facturación (p.e., ¿está cubierto este trabajo concreto?). Ayuda a los clientes a tomar decisiones (p.e., si hacemos el trabajo de forma remota, está cubierto. Si tenemos que acudir allí, cobramos por horas). Y mucho más.

Empecemos

Entonces ¿Cómo tenemos que montar esta estructura de precios de tres niveles?

Pues lo primero es un nombre. Es una tontería, pero hay que ponerle nombre a cada columna. Nosotros usamos, Plata, Oro y Platino. Puedes usar Oro, Plata y Bronce. O si quieres, Parca, Jersey y Suéter. Lo que sea.

¿Por qué tres niveles? Pues no lo sé. Igual el tener tres niveles implica algún efecto mágico. Algunas personas quieren siempre lo "mejor", sea lo que sea. Otros quieren lo más barato. A la gente quizá no les guste lo que se vende, pero les encanta comprar. Con tres opciones pueden elegir al menos una a su gusto. Según cómo sea tu estructura de precios, la opción que elijan reflejará cuál es su interés respecto del soporte técnico.

Lo cierto es que hay una cuarta columna, llamada Pirita – oro falso. En ella se incluyen nuestros servicios fuera del acuerdo. Tarifas por hora mucho más altas. Nada de control, ni soporte onsite, ni horas extras, ni nada. De hecho Pirita no es más que una opción break/ fix al precio más alto que se nos ha ocurrido y realmente no es una opción.

La mejor forma de empezar es agrupar los servicios que ofreces. La mejor forma de clasificarlos es, a mi juicio, según

- Servicios en el servidor/ dominio
- Servicios en el escritorio o estación de trabajo
- Otros servicios (redes, impresoras, ISP, etc.)

En nuestro caso, Plata cubre solo servidores. Oro cubre servidores y estaciones de trabajo. Platino cubre todo lo que pueda necesitar. Otros crean un apartado para los servicios de control únicamente, Servidores, Estaciones de Trabajo o Para Todo.

Así que reúne y clasifica todos los servicios que ofreces: Soporte y Control Remoto, Gestión de Parcheo, etc.

No te preocupes si no tienes seis páginas de elementos. De hecho ¡deberían entrar todos en una página! Tú oferta y tarifa de servicios debe entrar en una página. Y a una cara.

Nuestra lista es sencilla. Tenemos trabajos remotos, onsite, horas extras y trabajo de emergencia. A fin de cuentas es lo que hacemos en los servidores, en los equipos de escritorio y en la red.

En este punto ya deberías tener algunas herramientas para servicios gestionados. Cómo poco deberías tener los informes de Windows o de Small Business Server. También deberías tener alguna herramienta gratuita cómo Servers Alive (www.woodstone.nu/salive), System Center Essentials, Microsoft Operations Manager, y los servicios de Windows Server Update. O quizá ya hayas invertido en Continuum, PacketTrap, o Level Platforms.

Sea como sea, incluye todo en control remoto y gestión de parches. De hecho, deberías tener separado estas dos categorías.

Si estas ofreciendo actualmente algún servicio a tus clientes, puedes colocarlos en la parte más alta de la oferta. Eso es lo que hacemos con el antivirus y el filtro de spam. Los clientes Platino pueden disponer de ellos sin pagar más. No todos los clientes lo quieren, pero nos permiten ofrecerles un valor adicional a su dinero.

Pon Orden

Ya tenemos una lista de todos los servicios que ofrecemos. Y tenemos las cabeceras (los nombres) de las columnas. Ya sabes lo que hay que hacer. Incluir los servicios a la izquierda de la página y empezar a marcar cada casilla cuando se incluya cierto servicio en cierta oferta.

Es necesario que les des varias vueltas al tema. No hay nada mágico, sino, simplemente un proceso de optimización. Puedes ver un ejemplo al final de este capítulo. También puedes descargarte una copia del mismo cuando te registres cómo comprador de este libro en managedservicesinamonth.com.

Ahora tienes que estimar el costo de esos servicios. Recuerda que vas a ganar más con los servicios remotos que con los presenciales. Sobre todo si no cobras por viajar. Desperdiciar bloques de tiempo y los viajes hasta tu clientes es algo caro. ¿Qué puedes incluir en los paquetes Plata y Oro que se gestione de forma remota y lo más automatizada posible?

Otra cuestión a considerar es cuanto tienes que cobrar por el paquete Platino y cómo cerrar la oferta "todo lo que puedas comer" o "todo incluido" (nota: hablaré más sobre los peligros de las tarifas "todo incluido" en los capítulos diez y diecisiete.)

Recuerda que siempre habrá trabajo adicional. En función de lo bien que funcionen tus tarifas es posible que vendas del 20 al 30% adicional en mano de obra bajo acuerdos de tarifa plana. Con una buena base de clientes puedes doblar ese nivel. Por ahora estimemos un 25%, de manera que un acuerdo de $10,000 puede aportar unos $12,500 en mano de obra.

Usando Excel

En mi libro Service Agreements for SMB Consultants, detallaba la forma de usar una hoja Excel para estimar los ingresos de diferentes estructuras de precio. Puedes encontrar ese archivo en el contenido descargable de este libro.

De nuevo, no hablamos de neurocirugía. Solo necesitas los siguientes variables:

- Nombre del Cliente
- Numero de Servidores
- Número de Equipos de Escritorio/ Portátiles
- Tarifa por servidor
- Tarifa por equipo de escritorio

Haz números. Ajusta el precio por dispositivo hasta que te acerques a lo que tus clientes pagan ahora.

Si cumpliste con lo que comentaba hace unos capítulos, deberías tener informes impresos de lo que ha gastado cada cliente en mano de obra el último año.

Una de las lecciones que he aprendido despues de años haciendo esto es: No vayas por los medianos ni por los pequeños. No hagas tu producto "asequible" solo por tal de conservarlos. Fíjate solo en los clientes más importantes, de alto nivel. Son los que quieres conservar. Y si estás contento con el dinero que obtienes de ellos entonces deberías adaptar esa estructura conforme a esa idea.

Es posible que pierdas algunos clientes de bajo nivel, pero eso pasa tarde o temprano. Es más importante centrarse en el futuro. Tus próximos diez clientes nuevos están dispuestos a pagar un precio por paquete similar al de tus mejores clientes.

De nuevo, volvemos a jugar con Excel. Remueve la hoja una y otra vez. Juega con ella.

Pero ¡no uses la hoja Excel cómo una excusa para no actuar! Cuando des con el precio, escríbelo y guárdalo.

Seguramente no trabajes en Sacramento así que mis números no te serán relevantes. Pero por darte el dato, nuestro plan Platino cuesta $65 por equipo de escritorio y $500 por servidor. Tenemos las herramientas adecuadas (PSA y RMM). Cuanto más manual es tu proceso, más cara debe ser tu tarifa.

Finalizando la Valoración

Es la hora de imprimir. Habla con algunos de tus mejores clientes, con tu personal, con otros consultores (invítalos a comer, pero has que sea una charla de beneficio mutuo).

Este es un proceso de iteración. Vas a oscilar sobre lo que has hecho hasta ahora. Vamos a limpiar el jardín. Vamos a darle una vuelta, y otra. No te rindas. No lo dejes. Sigues avanzando.

¡Y por fin! Ya tienes una nueva estructura de precios para tu empresa. Felicidades. Ya tienes una descripción clara de los servicios que ofreces y de cuánto cuestan. Buen trabajo.

A continuación hablaremos sobre cómo desbrozar tú "jardín de clientes." Esto supone aceptar el hecho de que vas a perder a algunos de ellos.

KPEnterprises Business Consulting, Inc.
Phone 916-928-0888

SuperStar I.T. - 2013 Pricing

Service	Pyrite (no agreement)	Silver (Server)	Gold (Server and Desktop)	Platinum (Everything's Managed)
Remote Maintenance Support	Not Available	$150 / Hr 1 hr min.	Free	Free
Onsite Maintenance Support (at your office)	$225 / Hr 4 hr min.	$150 / Hr 1 hr min.	$150 / Hr 1 hr min.	Free
Remote Project Labor	$225 / Hr 4 hr min.	$150 / Hr 1 hr min.	$150 / Hr 1 hr min.	$150 / Hr 1 hr min.
Onsite Project Labor	$225 / Hr 4 hr min.	$150 / Hr 1 hr min.	$150 / Hr 1 hr min.	$150 / Hr 1 hr min.
Remote After Hours Support	$450 / Hr 4 hr min.	$300 / Hr 1 hr min.	$300 / Hr 1 hr min.	$300 / Hr 1 hr min.
Onsite After Hours Support	Not Available	Not Available	$300 / Hr 1 hr min.	$300 / Hr 1 hr min.
Short-Notice Emergency Service (onsite or remote, any time of day)	Not Available	$300 / Hr 1 hr min.	$300 / Hr 1 hr min.	$300 / Hr 1 hr min.
Technology Roadmap Process Business Plan and Process Management for Technology	$2,495	$1,495	$995	Free
• Free Remote Monitoring of Server critical functions (Value: $150 / Server / mo.)		•		•
• Free Off-Site Remote Server Monthly Maintenance (Value: $300 / Server / mo).		•	•	•
• Free remote server phone support per calendar month. (Value: $300 / mo). Hrs expire at end of calendar month.		2 Hours/mo.	Unlimited	Unlimited
• Continuous and Preventative Maintenance of Servers (updates, patches, fixes, etc.) (Value: $350 / Server / mo).		•	•	•
• Continuous and Preventative Maintenance of Workstations (updates, patches, fixes, etc.) (Value: $75 /workstation / mo).			•	•
• Free First 3 hours of labor for each new workstation added to network (Value: $450 / workstation)			•	•
• Free Anti-Virus and Anti-Spam filtering on all E-Mail (Value: $4 / mailbox / mo.)				•
• Free Virus Scanning on all covered machines (Value: $4 / machine / mo.)				NEW
• Two Hours Free in-house training per Quarter - May not be rolled over – (Value: $1,800 / year)				• NEW
• Access to our Emergency Help line service. monitored 24/7 (Value: $250 / mo.)				•
• Free maintenance of network equipment and maintenance of relationship with ISP (Value: $400 / mo.).				•
• Free maintenance of network printers and other network-attached equipment (Value: $300 / mo.)				•
Monthly Investment W.S. = Workstation, Laptop, or Virtual Machine Term = Terminal Services Client (no desktop PC) Srver = Server	$500 per Server	$50 per W.S. $25 per Term $500 per Srver	$65 per W.S. $25 per Term $500 per Srver	
Volume Discount: 50 or more desktops Or Non-Profit with 30 or more desktops				$50 / Workstation: $400 / Server

Terms: Prepaid by quarter or credit card prepaid monthly. Hourly minimums higher outside Sacramento Area

Revised 2013-01

Recuerda, hemos adoptado la norma por la que todo cliente debe firmar un acuerdo de servicios. Por lo tanto los clientes que no lo firmen dejan de ser clientes. Así de fácil.

Piensa en ello. No es necesario actuar hoy mismo. Solo piensa.

En su lugar, empieza a elaborar tu tarifa.

Esta hoja de muestra puede descargarse en formato Word si estas registrado cómo comprador de este libro. Puedes registrarte en ManagedServicesInAMonth.com o SMBBooks.com.

Por favor, ten a mano el ticket de compra cuando te registres.

"Tenemos un Correo"

Michael nos envía dos preguntas por correo. NOTA: Ya he comentado que deberías tener papel y lápiz cuando lees estas notas. Añade estas ideas a tu libreta y evalúa cómo pueden afectar a tu empresa.

Pregunta #1. "Nos has dicho que deberíamos crear una lista de todos los servicios que proporcionamos. ¿Quieres decir que solo incluyamos los servicios que pueden formar parte de la oferta de servicios gestionados?

Lo que nos lleva a ¿Qué servicios deben formar parte de esa oferta de servicios gestionados?... ¿Y qué deberíamos dejar fuera?... ¿Qué pasa con la recuperación de emergencia? ¿Está incluida?"

Respuesta #1. Bien, en primer lugar deberías incluir todos los servicios presentes en el MSA (acuerdo de servicios gestionados). Pero tal cómo planteas, ¿Cómo sabes que servicios son si no tienes aun hecha la lista?

Yo empezaría por incluir todo lo que haces de forma regular. Puedes hacer tres listas: seguro que está en MSA, seguro que NO está en MSA y quizá está en MSA. Por ejemplo, si realizas algún tipo de auditoria que cuesta un montón de dinero, puedes incluirla en la zona del no. Pero si haces algún análisis de seguridad sencillo con un costo muy bajo o nulo y que añade valor a tu oferta, puedes añadir a tu oferta un análisis anual.

Lo más importante de la lista es añadir valor al cliente. No hay que incluir elementos que no le importen o no le sirvan. Lo que buscamos es:

- Mantenimiento
- Gestión de Parcheo
- Control
- Reparar el software cuando falle

Piensa en el 90% de lo que haces cada día para el 90% de tus clientes. Quizá incluya crear una nueva firma de Outlook, pero probablemente no incluya instalar una nueva impresora en red para toda la oficina.

Recuerda: solo una página.

Y en esa página queremos incluir todo el valor al cliente que podamos.

Consejo Importante de Seguridad: si hay algo que no te cueste nada, o muy poco, ofrecer; que facilita el mantenimiento y que genera valor al cliente – añádelo. Por ejemplo, nuestros clientes Platino tienen filtrado de spam en host si lo necesitan.
Para nosotros es un servicio barato y permite disponer de filtrado de spam y cache para el correo cuando el Proveedor de Internet (ISP) se desconecta.

Sobre la Recuperación de Desastres:

Es cosa tuya. Los fallos de hardware no están incluidos. Si estamos a cargo de un sistema y ocurre un desastre, la parte relativa al software y al sistema operativo está cubierta. Por ejemplo, reemplazar el controlador de una unidad no está cubierto. Pero trabajar de 8AM a 5PM para recuperar los datos o reinstalar el sistema operativo, si lo está. Si el cliente quiere que trabajemos toda la noche tiene que pagar las horas extras.

Para las personas que pueden esperar un día más a volver a estar operativos, el incidente puede estar casi totalmente cubierto. Si no pueden esperar, les va a costar más dinero.

Además solo el plan Platino incluye el trabajo onsite. El plan Plata y Oro solo incluye trabajo remoto, de modo que el trabajo para recuperar un desastre onsite se factura íntegramente.

Los kilometrajes pueden variar. Solo tienes que buscar la combinación que mejor pueda funcionarte.

Pregunta #2. "¿Cómo posicionas a tus clientes que ya están en un modelo de servicios semi-gestionados? P.e.: ¿Cómo le digo a un cliente que tiene que pagar $1,000/mes, cuando están pagando $500/mes por ese mismo servicio?

Respuesta #2. Uno de los temas que veremos en el futuro será cómo tratar con los clientes "aposentados". Pero por ahora veamos algunas ideas.

Nosotros hemos pasado por una situación similar a la que comentas. Empezamos a ofrecer servicios gestionados ofreciendo monitorización remota a $125/mes por cada servidor.

También llevábamos más de diez años ofreciendo servicios mensuales de mantenimiento. Así que hablamos de una o dos horas de trabajo por servidor al mes ($135 a $270 para los clientes sujetos a este acuerdo de servicio).

Así que este pequeño cliente para en torno a $300/mes por el mantenimiento y control del servidor.

Nuestro plan Plata cuesta $500/mes, y es el más básico. Incluye control diario, mantenimiento mensual y dos horas de trabajo remoto. Así que es muy fácil de vender.

Yo creo que un precio de unos $1,000/mes es algo más que un nivel Plata. O tus tasas son más altas que las mías.

En el capítulo siguiente veremos cómo situar a nuestros clientes dentro de los planes adecuados y cómo organizar su venta.

Pero también debes de tener en cuenta el aspecto de tu negocio y todo lo que dejas atrás. Es muy probable que tengas un acuerdo diferente (por escrito o no) con cada cliente. Algunos querrán unos ciertos servicios y otros querrán otros servicios. Incluso tus clientes de "servicios semi-gestionados" serán diferentes entre sí.

La vida será mucho más fácil cuando tengas tres cajas y cada cliente está en una caja concreta. Será mucho más fácil explicar a tus clientes, técnicos, y personal de ventas. Aun si ahora solamente estás tú, tener esas tres categorías hará que el crecimiento sea mucho más fácil.

¡Ojala que esto te ayude!

Capítulo 8: Examen Rápido

1. Nombra tres razones importantes para crear las estructura de
    precios de tres niveles (p. 80) :

    a.   _____

    b.   _____

    c.   _____

2. ¿Por qué no deberías preocuparte en hacer que tu plan de ser-
    vicios gestionados sea "asequible"? (p.84)

    _____

3. ¿Qué ocurre a los clientes que nos firman el acuerdo de servi-
    cio? (p. 85)

    _____

Recursos Adicionales para Profundizar

No existen recursos concretos para este tema, por lo que te
ofrezco algunos de los libros que tengo descargados en Kindle:

*   *Million Dollar Consulting* de Alan Weiss

*   *What the Most Successful People Do Before Breakfast* de Laura
    Vanderkam

*   *Unmarketing: Stop Marketing, Start Engaging* de Scott Strat-
    ten

III. Poniendo tu (Nuevo) Negocio en Marcha

9. Desbroza el Jardín y Culmina tu Plan

Tienes más información sobre cómo limpiar tu jardín de clientes en las publicaciones de http://blog.smallbizthoughts.com. Busca ""Weeding Your Garden" en el blog para descubrirlos.

Hasta ahora hemos hecho lo siguiente:

- Hemos arrancado nuestro plan
- Reglas y Políticas
- Saber qué es lo que Estás Haciendo
- Crear una Estructura de Precio de Tres Niveles

Ahora es el momento de Limpiar nuestro Jardín de Clientes. Esto supone trazar algunas líneas, establecer algunas reglas y, seguramente, perder algunos clientes.

Es posible que no perderás ningun cliente. Pero el proceso sigue siendo útil porque te ayuda a saber si es que quieres retener eso clientes.

Nota: Si eres un recién llegado, seguramente tengas pocos clientes y este proceso te resulte rápido de gestionar.

Visitar el Plan Nuevamente

Hemos empezado trabajando en nuestro plan. Desde entonces, hemos aprendido de donde viene el dinero, los servicios que ofrecemos y que aspecto quieres que tengan tus clientes.

Espero que hayas podido finalizar la Tarifa de tres niveles. Ahora solo tienes que escojer un buen papel de 24 lb. y sacar copias a color. Si realmente estas totalmente convencido de que esta tarifa esta "impresa sobre piedra" (al menos para estos 12 meses) puedes imprimirla en un papel bonito. Nosotros utilizamos una imprenta digital que genera una hermosa copia en un papel muy vistoso y a buen precio.

Realmente tu tarifa no es más que un resumen de lo que ofreces y lo que cuesta. Así que vamos a tratar de saber qué es lo que tus clientes van a hacer ante tu tarifa.

Lo primero, ¿tienes algún cliente del que quieras deshacerte? Quizá tarde mucho en pagar. O apenas te genera beneficios. O quizá no te gusta trabajar con él.

Sea como sea, hacerlo es fácil. Solo tienes que escribirle una carta y decirle que ya no puedes ofrecerle soporte técnico. Si puedes pasar el cliente a un colega, de buena fe, hazlo.

Segundo: haz tres listas. Efectivamente: una para el Platino, otra para Oro y otra para Plata. Ahora piensa en que acuerdo encaja con cada cliente, según tu experiencia. Aunque recuerda: rendimientos pasados no garantizan resultados futuros.

Seguramente te sorprenderá ver cuantos clientes firman un acuerdo, cuando tú pensabas que no lo harían. Pero, claro: si estan dispuestos a jugar con las reglas que marca tu tarifa, no serás tú quien les dirás que no, ¿verdad?

Conserva esta lista, porque volveremos a ella en un par de días. Por ahora clasifica a tus clientes en cada nivel y añade la probabilidad que tienen de firmar ese acuerdo.

Ahora vuelve a reflexionar sobre tu plan. ¿Está todo correcto? ¿Has definido los clientes que quieres conservar, y construido un sistema a su alrededor? ¿Los precios son adecuados?

Nota: si haz estado pensando en subir las tarifas que cobras durante el año pasado, eso es una buena señal de que deberías hacerlo. Así que tendrás que subir dos tarifas. La tarifa de cliente sin contracto y la tarifa para los clientes con acuerdo de servicio. Puesto que la tarifa de "no contrato" no sirve, ya que no se usa con ningún cliente, puedes marcar el precio como quieras. Si lo normal en tu ciudad es de $125, tú puedes cobrar $150. Y después marcar tu tasa preferente a $135.

Si crees que tus clientes pueden resistirse, HABLA CON ELLOS. No ocupes ambos lados de la conversación. Deja que tus clientes aporten su punto de vista.

De todos modos, fija tus tarifas.

Hasta ahora has definido quien eres, lo que ofreces, quienes son tus clientes, los que vendes y los precios que cobras. Y esta es, en esencia, ¡la base de tu acuerdo de servicios!

Un Apunte sobre la Pobreza

No es necesario agarrar cada moneda que encuentres. En absoluto. Muchos consultores pequeños empiezan aceptando todos los trabajos que se encuentran. Pero tú no tienes por qué hacerlo así.

Mantener a cualquier cliente tiene gastos. Te lleva mucho tiempo en facturación. Y cuando un sistema del que eres responsable cae, tú tienes que repararlo, aun cuando el cliente no pague más que $500 de mano de obra al año.

A medida que avanzas con el modelo de los servicios gestionados, ya tendrás trabajo planificado (curioso concepto), y los grandes clientes pagan porque creen en ti. Ya no tienes que dejar de lado a un cliente de $1,000/mes por atender al cliente de $500 al año al que se le rompe algo.

Pero al mismo tiempo, no puedes dejar colgado a ese cliente cuando te llama diciendo que su servidor echa humo. Es necesario que lo hagas antes de que ocurra, de manera que cuando pueda necesitar ayuda tenga a alguien a quien llamar.

Recuerda el Capítulo Sexto, donde hablamos de los informes (consulta el capítulo "Saber qué es lo que Sabes sobre lo que Vas a Vender"). Vuelve a revisar esos informes.

En esa lista de clientes ordenada por el gasto en mano de obra al año, traza una línea sobre los clientes de $500/año y otra sobre los $1,000/año. ¿Cuántos clientes tienes bajo cada una de esas líneas?

Y lo que es más importante: ¿Cuánto dinero te ingresan estos clientes? ¿Cuántos miles de dólares te ingresan esos clientes que no gastan más de $500 o $1,000 al año?

Muchos consultores tienen algunos grandes clientes y una gran cantidad de pequeños clientes. Si te deshaces de los clientes pequeños, entonces tendrás una gran cantidad de horas para poder facturarlas a tus clientes de máximo nivel.

Saber qué es lo que Sabes sobre lo que Vas a Vender. No necesitas recoger cada centavo que encuentres en el suelo.

Ahora, ¡Acaba con tu Plan!

Acabar y finalizar tu plan es sencillo: Háblale sobre el plan a alguien. A uno de tus técnicos. A tu pareja. A tu cliente favorito. O a otro consultor.

Explícale que es lo que quieres hacer. Suena sencillo. Pero créeme, no lo es.

¿Por qué quieres hacer estos cambios? ¿En que beneficia al cliente? ¿Por qué no puedo tener soporte de red gratuito en el nivel Oro? ¿Por qué todos tienen que pagar por adelantado? ¿Por qué suben los precios? ¿Tienes que instalar algo en todas las computadoras? ¿Es una promesa sobre lo que voy a pagar cada mes?

Espero que esto te dé una idea.

Hasta ahora este proyecto ha estado viviendo solo en tu mente. Hablar de él con alguien más lo hace más real y te permite conocer todas las preguntas que tendrás que responder. Te ayuda a poner todas las piezas en su sitio y a ver las cosas globalmente.

Además, cómo sabrás, enseñarle algo a alguien es la mejor forma de poder dominar el tema. A medida que vas respondiendo a las preguntas de otra persona, que no eres tú mismo, empezaras a ver (¿percibir?) las inconsistencias que tendrás que resolver.

Cuando domines y entiendas tu nueva oferta de Servicios Gestionados, serás capaz de crear un acuerdo de servicio casi al momento.

Y ese es el siguiente paso.

Tarea:

Si aún no tienes un par de ejemplos de acuerdos de Servicios de Gestionados, este trabajo va a ser mucho más difícil. No pretendo que compres mi libro. Pero al menos busca esos acuerdos.

Si has llegado hasta aquí, siguiendo mi libro, todo va a buen paso. Pero no te detengas. Sigue en marcha. Si tienes que crear un acuerdo de servicios desde cero, esto puede causarte un gran retraso en tu proyecto.

Recuerda, vas a firmar tu primer acuerdo de servicio antes de que acabe el mes. ¡Con suerte puedes firmar cinco o incluso diez! Pero no puedes hacerlo si no tienes ese modelo de acuerdo. Así que haz tu tarea y prepararte para dar el siguiente paso en este proceso.

Nota: La respuesta al blog y a la primera edición de este libro ha sido abrumadora. He recibido miles de correos de gente que ha aceptado el desafío. ¡Y que están firmando acuerdos!

¡No te olvides de mandarme un correo cuando firmes tu primer acuerdo!

Capítulo 9: Examen Rápido

1. ¿Qué quiere decir "limpiar tu jardín de clientes"? (p. 92)
   _____

2. ¿Cuál es un buen signo de que vas retrasado en subir tus tarifas? (p. 94) _____

3. ¿Qué es más fácil de dominar una vez que entiendes el nuevo plan de Servicios Gestionados? (p. 98)
   _____

   _____

Recursos Adicionales para Profundizar

- Small Biz Thoughts blog – http://blog.smallbizthoughts.com

- *Guide to a Successful Managed Services Practice* de Erick Simpson

- *Service Agreements for SMB Consultants* de Karl W. Palachuk

Algunos servicios de impresión digital que he utilizado:

- Overnight Prints – www.overnightprints.com (mi favorito)

- Smartpress.com – www.smartpress.com

- UPrinting – www.uprinting.com

10. Escribe tu Acuerdo de Servicio, y Haz que lo Revisen

Por raro que parezca no voy a dedicar mucho tiempo hablando de tu acuerdo de servicios. Podría decirte por qué tienes que hacerlo, lo importante que es y por qué no debes esperar para hacerlo. Pero al principio de este libro he prometido ir directo al grano. Y eso es lo que voy a hacer.

Lo fundamental es: **Hazlo.** No te retrases. Y no empieces a buscar excusas. Si quieres ser Proveedor de Servicios Gestionados necesitas un acuerdo de servicios. Miles de empresas lo hacen a diario. Es lo más fácil del mundo. Solo tienes que hacerlo.

Tu vida será mucho más fácil si no tienes que empezar desde cero. Usa una plantilla. Hay miles. Algunos fabricantes de software para servicios gestionados ofrecen algunos ejemplos. (Lógicamente, y tal cómo he mencionado antes, te recomiendo de nuevo que deberías comprar mi libro o el de Erick Simpson que también incluye diversas plantillas). Incluso creo que debe haber alguna en la web de Microsoft.

Pero el "ingrediente secreto" no está en la plantilla. Si existe ese ingrediente secreto, ese es el conocimiento integro de tu negocio, tus clientes, tus tarifas, tus políticas y la forma en que trabajan todos juntos. Nadie, salvo tú, puede perfilar tu acuerdo de servicio.

Notas sobre los Abogados:

Sí, necesitas un abogado.

Si el abogado te dice que no quiere usar tu borrador, sino empezar de cero, busca otro abogado. El 99.9% de los abogados han firmado servicios con formularios genéricos personalizados. Empezar a trabajar en tu borrado no es algo muy diferente a esto.

En caso de crear un acuerdo de servicio, un buen abogado tomaría una "plantilla" y después se reuniría contigo para saber que es importante para tu empresa y cómo debería incluirse en tu acuerdo de servicio.

Si encuentras una plantilla/ borrador que esté totalmente enfocado en la industria IT y en el modelo de servicios gestionados, será mucho mejor que una mera plantilla que el abogado pueda encontrar en cualquier parte.

Revisar y Revisar y Revisar

¿Recuerdas que ya hemos dicho un par de veces que siempre debes llevar contigo lápiz y papel? A estas alturas tu cuaderno debería estar lleno de notas sobre precios, planes, clientes y mucho más.

Unifica todo ese contenido lo mejor que puedas. Pero no te retrases por tal de buscar la perfección. Nunca vas a conseguirlo. Remátalo, llévalo a tu abogado y apruébalo para su uso. Después imprímelo y prepárate para presentarlo ante tus clientes (siguiente lección).

Dinero

Sí. Los abogados cuestan dinero. Cientos de dólares la hora.

¿Pero sabes qué? Un consultor como tú también cuesta dinero. Cientos de dólares la hora.

Es cierto que el abogado se va a llevar un buen dinero por su trabajo. Pero míralo desde este ángulo: hay UN cliente que te va a pagar lo que tu abogado cobra por revisar ese acuerdo. Y si ese abogado descubre dos contradicciones en tu contrato, o encuentra algo que no está permitido en tu estado, entonces ese dinero está más que bien gastado.

[Inserta aquí la justificación que más te guste.]

La Mayor Pregunta de Todos

Es necesario que tu mente este centrada sobre una pregunta: **¿Qué es lo que Cubre?** ¿Cómo puedes trazar una línea que permita a tus empleados – incluso a los recién llegados- lo entiendan? ¿Cómo puedes trazar esa línea de modo que los clientes lo entiendan y no anden dando vueltas alrededor del tema?

¿Y cómo se los explicas a tu abogado para que pueda crear un acuerdo de servicio que refleje exactamente lo que tú quieres que indique?

Puedes incluir en tu acuerdo todo lo que quieras. Pero tengo dos consejos para ti: una cosa que Debes incluir y una cosa que No Debes incluir.

Por favor no prometas un soporte "todo lo que puedes comer". En mi opinión, el límite que debes establecer es el que sostiene la rentabilidad de tu empresa. De hecho ese modelo puede destrozar tus ganancias.

Nunca he usado esta frase ni he probado la política AYCE, pero si tengo algunos clientes que lo han hecho. Una de las primeras cuestiones que me han preguntado es la forma en que pueden escapar de esas políticas y firmar contratos más razonables.

El modelo AYCE suena bien. Y de vez en cuando hay gente que trata de ponerla en marcha. Pero es necesario ponerle límites. ¡Incluso los restaurantes de todo-lo-que-puedas-comer echan a algunos clientes o limitan el consumo de ciertos productos! Hay gente que se aprovecha de los demás. Quizá no tengan malas intenciones, pero pueden acabar con tu empresa.

Así que esto es lo que Debes hacer:

Definimos los servicios gestionados cómo el mantenimiento del sistema operativo y su software. El mantenimiento no incluye cambios, añadidos o traspasos ("add-move-change").

Memorízalo. Y haz que tu personal también lo memorice. Dilo con frecuencia para que tus clientes lo memoricen. Ahora vamos a explicarlo:

Lo primero, si algo se instala y funciona, está cubierto. Si se estropea lo arreglarás en tus horas de trabajo. Si se estropea de nuevo, también lo arreglas.

Es obvio que vas a ganar más dinero si el software funciona y nunca falla. Asegúrate de que tu cliente lo sepa.

Segundo, si hay que instalar algo, se factura. ¿Por qué? Porque no es mantenimiento. Es un cambio o un añadido.

Tercero, tan pronto como la instalación tenga éxito, ese software ya está cubierto. Si falla, lo reparas sin costo.

Veamos un ejemplo: Supongamos que me pides que te instale QuickBooks en un equipo. Esa instalación es facturable porque es un agregado. Tan pronto como la instalación esté completa y empiece a funcionar, QuickBooks estaría cubierto. A partir de ese momento el mantenimiento o el soporte de QuickBooks están cubiertos.

Es sencillo, ¿verdad? Es una explicación y un ejemplo muy fácil de entender. ¡Lo único que debes hacer es tenerlo claro e insistir!

Capítulo10: Examen Rápido

1. ¿Tienes que tener un acuerdo de servicio para ser proveedor de servicios gestionados?. (p. 100)
     Sí   No

2. Los servicios gestionados se definen cómo el mantenimiento de _____. (p. 103)

3. El mantenimiento no incluye: (p. 103)

     a. _____

     b. _____

     c. _____

Recursos Adicionales para Profundizar

- *Guide to a Successful Managed Services Practice de* Erick Simpson

- *Service Agreements for SMB Consultants* de Karl W. Palachuk

- Lawyers.com – Abogados Contratistas – http://contracts.lawyers.com

- FindLaw – búsqueda de abogados en la red - http://lawyers.findlaw.com

11. Imprime tu Nuevo Plan de Precios

Ya hemos hablado de nuestro modelo de tarifas. También has desarrollado la famosa estructura de precios de tres niveles.

Una vez que ya tengas clara tu estructura de precios y tarifas ha llegado el momento de imprimirla, compartirla con tu personal y prepararte para mostrársela a tus clientes.

Aviso Legal: Asegúrate de que tu acuerdo pueda modificarse con un preaviso de 30 días donde se indiquen los cambios de precios y servicios. Incluye esta nota al pie de la página donde figure tu tarifa.

Hazlo bonito. Hazlo profesional. Si no te llevas bien con las tablas de Word, busca a alguien que pueda hacerlo.

Aquí tienes unos consejos sobre los precios:

En primer lugar indica tu tarifa fuera de hora (p.e., $150/hora cómo base; $300/hora después de las 5PM o en fin de semana). Esto ayuda a que la tarifa del acuerdo de servicio tenga mejor aspecto (p.e., $135/hr.; $270/hr).

Segundo: cuantas menos tarifas, mejor. Por ejemplo no distingas entre horas de fin de semana, en vacaciones, de emergencia, horas extras o de fin de semana. Incluye solo una tarifa para horas normales y otra para todas las demás. Por ejemplo, $135 y $270.

Tu pequeña página va a tener muchas variables así que no hagas las tarifas muy complejas.

Tercero, asegúrate de que el nivel de servicio más básico (el más tentador) sea muy básico. Por ejemplo, puedes incluir el control y parcheo del servidor por $500, pero no incluyas nada más.

Ten en cuenta las tendencias de los clientes: los clientes no suelen ver los equipos de escritorio cómo un "problema". Suelen blindar los servidores porque les han dicho lo importante que son. Y porque quieren evitar todos los problemas de spam y de los ISP y de la basura que circula por la red. No les ofrezcas una solución solo para Servidores y Red. Puede ser una pesadilla porque se empeñaran en seguir tratando de mantener ellos mismos sus equipos de escritorio.

Te recomiendo que en el nivel básico solo incluyas un servicio de soporte básico. En el nivel intermedio se incluyen las impresoras y servidores y el nivel más elevado se incluyen servidores, impresoras, equipos de escritorio, etc.

Es algo similar a las ofertas de televisión por cable. La oferta básica. El cable básico cuesta $12.95 y nadie lo compra solo. Si quieres ver HBO, no puedes comprar el básico+HBO. Así que tienes que añadir el Cable Estándar, que cuesta $49.95 y añadirle HBO. Si un cliente quiere tener su red y sus impresoras cubiertas, no pueden hacerlo ya que no es un extra. Puedes venderlo por horas pero, a nivel básico, no está incluido.

En nuestro caso la oferta "solo servidores" es de $500/mes. Si quieren servidores y equipos de escritorio, cada equipo suma $45 más. Así que si disponen de diez equipos de escritorio pasamos de $500/mes a $950/mes. Pasar al Platino solo suma otros $200/mes (el equipo de escritorio cuesta $65). El plan Platino para un servidor y diez equipos cuesta $1,150/mes. Nada menos que $13,800/año.

No está mal. Y cuanto más automatizado este el proceso, más dinero puedes ganar. Con una estructura cómo este seguramente no quieras vender planes Oro: solo Plata y Platino.

¿Por qué no usar un plan de Cafetería?

Un plan de cafetería permite al cliente elegir lo que quiere en cada momento. Así que podemos cubrir este servidor, pero no aquel. Podemos cubrir algunos equipos pero no todos.

Nosotros empezamos de este modo. Siempre hemos firmado contratos, pero de forma progresiva hemos pasado a productos de tarifa plana: control remoto, etc. El problema es: los clientes quieren cubrir un servidor pero no los demás. Si les damos la opción seguramente tampoco quieran cubrir los equipos de trabajo. Pero les atrae la idea de no tener que pelearse con su ISP de nuevo. Así que lo que quieren es un donut. Solo cubren el exterior, dejando de lado todo lo que está el centro, allí donde los usuarios se encuentran.

Si solo cubres un servidor tendrás que ser claro con el precio/hora. Seguramente te encontrarás discutiendo lo que está cubierto y lo que no. Algo que no es bueno para tu relación empresarial.

Incluso en los planes Plata, tienes que cubrir todos los servidores. Y para Oro y Platino, tienes que cubrir todos los equipos de trabajo.

Los clientes suelen elegir los equipos más problemáticos (porque no son tontos). Así que te encontrarás manteniendo servidores de alta demanda por una tarifa plana.

El sistema funciona porque está basado en el costo medio de mantener un conjunto de máquinas.

Si el cliente elige las máquinas que quiere cubrir, seguramente tendrías que doblar tu tarifa mensual, y aun así seguirías perdiendo dinero con esos equipos.

Es mi opinión. ¿Recuerdas cuando te dije que en este aspecto no iba a ser equilibrado? Créeme. Deja los planes de cafetería a un lado.

Próximos Pasos

Con suerte tendrás un abogado eficaz y que no quiera enviarte una factura solo por responderte a un correo.

A continuación vamos a plantear cuál es tu estrategia de negociación con cada uno de esos clientes. Así que después de enviar tu acuerdo de servicio a tu abogado, y después de haber impreso tu tarifa, veamos qué es lo que tenemos que hacer ahora.

Esto incluye usar los informes de gasto de tus clientes que ya has generado y la hoja que has creado con tus averiguaciones sobre que van a firmar los clientes. Volveremos de nuevo a esta evaluación.

Estas MUY CERCA de cerrar tu primer Acuerdo de Servicios Gestionados.

Pero hay una estrategia. No es algo que pueda firmarse con una de esas grandes plumas de animal y en papel de lujo.

El siguiente paso es profundizar a través del sistema de ventas y de la estrategia de brazos caídos.

¡Apenas puedo esperar para hacerlo!

Capítulo11: Examen Rápido

1. ¿Qué tiene que ver el precio de los servicios gestionados con el de la televisión por cable? (p. 107)

    _____

2. ¿Cuál es el argumento contra el plan de "cafetería"?
    (p. 108) _____

3. ¿Deberían tus clientes elegir las máquinas que quieren tener cubiertas? (p. 109) _____

Recursos Adicionales para Profundizar

*   Donde encontrar profesionales del Word (para poder elaborar tu tarifa) :

    o   Elance.com

    o   Estudiantes universitarios en practicas

    o   International Virtual Assistants Association. Consulta el enlace "Looking for A Virtual Assistant" link. – www.ivaa.org

12. Superando las Objeciones

"Tenemos un Correo"

VinceT nos dice...

"Esta ha sido una gran serie de artículos. ¿Pero podrías hablar un poco más del control de equipos de escritorio? He tenido algunos problemas a la hora de cambiar desde el modelo de soporte por horas al soporte remoto. Les he demostrado cómo, por unos pocos dólares más pueden tener sus equipos al día, controlados y monitorizados. Su respuesta fue "Ya tenemos lo que necesitamos, ¿para qué pagar más?" Son solo unos pocos dólares por equipo. Tengo la sensación de que no estoy vendiendo el valor real del servicio. Gracias."

Bueno, vayamos por partes.

En esta pregunta yo veo:

- El valor de la monitorización remota (más la gestión de parcheo y el control remoto).
- Los problemas que plantea pasar de un modelo break/fix a un modelo de servicios gestionados.
- La objeción asesina: "Tenemos todo lo que necesitamos ahora mismo."

Tratandose de valor, es necesario empezar con tus propios cálculos. Tienes que convencerte a ti mismo de que ese valor es correcto.

Considera cuanto cobras por el componente escritorio. Empecemos con una hora de trabajo. ¿Está ese importe a un nivel similar al del costo mensual? ¿A media hora? ¿A quince minutos?

Pensemos en términos de tiempo. Pensemos en horas. ¿Cuantas horas de trabajo supone mantener ese equipo al año? ¿Y al mes?

Supongamos que hablamos de media hora al mes para gestionar "manualmente" el equipo. Son seis horas al año. Si cobras $100/hora son $600 y si cobras $120/hora son $720. Por ese precio consigues todas las mejoras y parches para Outlook, Word, Windows, Adobe Acrobat. También incluyes las actualizaciones del antivirus, la reinstalación del motor del antivirus, mejoras diversas, parches, arreglos y todo lo demás.

Si te mantienes en el modelo break/fix no puedes gestionar de forma automática o remota. Tienes que ir personalmente a hacerlo. Lo mismo ocurre con los service packs. No hay soporte remoto. Todo es presencial.

Nosotros cobramos [$720 año/$60 mes] por controlar todo, parchear todo, gestionar todo y dar soporte. Consigues mucho más servicio, de forma mucho más sencilla, por nada extra. Después de todo ¡tienes soporte remoto ilimitado!

Si se produce un "incidente" en un equipo, el cliente verá el valor real.

Una vez que estés animado por esta perspectiva y cuando creas en ella, entonces podrás venderla cómo se merece.

Abandonando el modelo Break/Fix

Puede ser difícil pasar del modelo break/fix al modelo de servicios gestionados. Para ser sinceros hay muchas pequeñas empresas que han tenido notables problemas durante el cambio. De algún modo piensan que están ahorrando dinero al retrasar ese gasto. Y para ser honestos, los argumentos basados en ROI (retorno de la inversión) no tienen mucho recorrido en las pequeñas empresas. Los propietarios de SMB suelen pensar que los argumentos basados en el ROI no son más que cortinas de humo lanzadas para sacarles el dinero.

En realidad tienes que encontrar al **comprador sofisticado** para que piense en el costo de la inversión (TCO) durante un plazo de tres años.

El único consejo que puedo darte es que cambies el sprint por el maratón. Diles a estos clientes siempre que puedas que el 75% del costo de un equipo informático es el mantenimiento. Diles "esto estaría cubierto con un plan de servicios gestionados Platino." Insiste. Como un disco rayado. Una y otra vez.

Y sobre todo, ten paciencia.

Si ocurre algún desastre siempre puedes decirle "Vaya, tiene que ser difícil estar en tu lugar ahora. Si tuvieras un acuerdo de servicios gestionados…"   :-)

Es cómo un mantra. Tarde o temprano ellos entenderán.

Mi cliente favorito es un hombre llamado Hank. Hank nunca ha creído en eso de los "gestionados". No sabe mucho de licencias y no estaba del todo preparado para cambiar su forma de operar a lo que nosotros le proponíamos. Después de años – de NUEVE para ser exactos- finalmente ha firmado un acuerdo con nosotros.

Después de predecir que su disco duro fallaría, le cambiamos a un nuevo servidor y salvamos a su empresa. Se quedó encantado al 99.99999999999999999%.

Ocho meses después su servidor y todos sus equipos fueron robados. Pudimos recuperar la situación en poco tiempo, ahorrándole MILES de dólares en software porque finalmente él había comprado sus licencias. ¡Casi nada! Ahora está encantado al 100%.

Mantra. Mantra. Mantra.

Servicios gestionados. Servicios gestionados. Servicios gestionados.

El modelo Break/fix siempre es más caro para el cliente y menos rentable para ti.

La Objeción Asesina

Lo primero, esta es la verdad que tú conoces y tu cliente no: Ellos necesitan a alguien que gestione sus equipos igual que necesitan a alguien que gestione su red y su servidor.

Los clientes piensan que entienden de sus necesidades tecnológicas, pero no es cierto. Y de mi experiencia puedo afirmar que decirle a un cliente que no entiende lo que necesita no es una buena estrategia de venta. Así que decides enviarlo directamente al mundo de los servicios gestionados.

Y aquí es donde chocamos con la Objeción Asesina –"Tenemos todo lo que necesitamos por ahora." Recuerda: el cliente piensa que esa frase es cierta. No puedes decirle, "No es cierto."

Si hay una clave que te lleve al éxito es: No defiendas todas las cosas que son IGUALES.

La venta más difícil del mundo es aquella en la que dices que eres igual que tu competencia, pero mejor. "Nuestros pañuelos son cómo Kleenex pero mejores, así que debes de pagar más."

No, la realidad va por otro camino: "Nuestros pañuelos son cómo los Kleenex, pero cuestan menos." Conclusión: si dices que eres igual pero un poco mejor, entonces estas creando, sin querer, un estándar por el que tu producto tiene que valer menos forzosamente.

Esta es la palabra más importante de cinco silabas del mundo de las ventas: **diferenciación.**

La única forma en que puedes superar la Objeción Asesina es diferenciándote de tu competencia. ¿Por qué? Porque no puedes decirle al cliente que está equivocado y que no tiene todo lo que necesita. Tienes que presentar esa situación al cliente de una forma que el mismo sea el que llegue a esa conclusión.

No hables sobre lo que puedes hacer, o lo bueno que eres en comparación a los demás.

Para el observador poco formado (Joe Cliente) todos somos iguales. Todos hacemos lo mismo. Todos los consultores son iguales y hacen lo mismo. Así que si él tiene algo, tiene lo que necesita. Aun cuando tú mismo seas el que se lo proporciona.

Si tu competencia es tu competencia, entonces tendrás que diferenciarte de ellos. Si tu competencia eres tú mismo entonces tendrás que diferenciar tu negocio de break/fix de un modelo de servicios gestionados.

Y la clave de la diferenciación es tan obvia cómo difícil. Nunca digas que hay algo cómo tú. Enfócate en todo aquello que sea diferente en tu empresa:

- "Con servicios gestionados todas las actualizaciones de seguridad se instalas automáticamente."

- "Con servicios gestionados obtienes un informe mensual con todos los detalles…"

- "Con servicios gestionados cualquier trabajo necesario para reparar el sistema operativo y el software del equipo está incluido."

- "Con servicios gestionados dispones de filtro de spam en host sin costo adicional."

- "Con servicios gestionados dispones de todas las peticiones de servicio que necesites sin costo adicional."

- "Con servicios gestionados las tres primeras horas de trabajo de configuración en un nuevo equipo son gratis.

- "Con servicios gestionados tienes acceso gratuito a las reuniones de Roadmap para planificar tu crecimiento tecnológico."

- "Con servicios gestionados vendremos a tu casa, te limpiaremos el coche, te pasearemos al perro y sacudiremos tus alfombras."

- etc.

Haz una lista de tus argumentos.

Incluye cada pequeña diferencia presente en tu oferta de servicios gestionados. Todo lo que te haga diferente. Tu objetivo es que por cada punto de esa lista tu cliente te diga "Vale, eso no lo tengo ahora."

Veamos algunas anécdotas.

Esta es una de mis preferidas. ¿Recuerdas cuando en 2007, cuando el Congreso cambio el día del cambio de hora relacionado con el horario de verano para ahorrar energía? Microsoft salió con una advertencia diciendo que casi, casi se iba a terminar el mundo. Recuerdo que fuimos a visitar a un nuevo cliente y le dijimos, "Bueno, con servicios gestionados podemos hacernos cargo del problema y sin costo adicional." Después de pensarlo le dijimos, "Bien, también podríamos hacernos cargos del problema en sus 70 equipos por $200."

El cliente dijo que sí. Montamos el script en nuestra herramienta RMM y en quince minutos habíamos resuelto el problema. Esto sirvió para que el cliente viera el nivel de lo que le estamos ofreciendo bajo servicios gestionados.

Y al momento firmó el contrato.

Cuando llegues al punto en el que puedas exponer este argumento de forma lógica, tendrás la oportunidad de decirle a tu futuro cliente que el mantenimiento de su equipo de escritorio no suele llevar más de media hora o una hora al mes. Y que con la oferta de servicios gestionados solo le cuesta $65 al mes.

Por tanto las diferencias reales son:

1. Tú ingresas dinero de forma regular y predecible. [Tu cliente tiene un costo regular y predecible.]

    y

2. El cliente se beneficia de un mejor nivel de servicio en todas sus máquinas desde el primer día.

Resumen: La Objeción Asesina

La Objeción Asesina: "Tenemos todo lo que necesitamos."

La respuesta Asesina: enfocarse al 100% sobre los beneficios que el cliente está obteniendo con servicios gestionados frente a un modelo reactivo cómo el break/fix.

Nunca podrás convencer a un cliente de que realmente no tiene todo lo que necesita. El cliente tiene que llegar a esa conclusión por sí mismo.

Pero eso no impide que puedas darle un empujoncito. :)

Capítulo12: Examen Rápido

1. Tres cuartas partes del coste de un equipo informático se deben al _____. (p. 114)

2. ¿Cuál es la objeción Asesina? (p. 115) _____

   _____

3. ¿Es realmente útil tratar de convencer a un cliente de que no
   dispone de todo lo que necesita bajo un modelo break/fix? (p.
   118)

Recursos Adicionales para Profundizar

- *A Guide to SELLING Managed Services de* Matt Makowicz

- *A Guide to MARKETING Managed Services* de Matt Makowicz

13. Los Servicios de Escritorio y los Servicios Gestionados. Versión Revisada.

Acabamos de hablar de las objeciones que surgen frente a la firma de un acuerdo de soporte para equipos de escritorio . Y también de la Objeción Asesina. Veamos por qué los equipos de escritorio son diferentes al resto de componentes.

Cuando tenemos un "plan de cafetería" o de tarifa plana el patrón es simple: el cliente quiere mantener sus servidores.

El mantenimiento de los servidores es fundamental. Es un servidor así que no es algo que puedan hacer ellos mismos. Tiene un servicio de Active Directory (que ellos seguramente no entiendan) y es el cerebro de su universo conocido. Así que encantados pagan $350 al mes, o lo que les quieras cobrar, por tal de que siga funcionando.

Y las redes también son muy importantes. Las redes incluyen routers, switches e impresoras (¡casi nada!). Su mantenimiento implica tratar con ISPs, VPNs y VOIPs. Todo eso con los protocolos 802.11 y RJ45 implicados. Y la ISO tiene nada menos que siete capas, cómo una cebolla.

En otras palabras, nadie entiende nada sobre redes, así que tú debes ser un genio para poder mantenerla viva. Algo que bien vale esos $350 al mes.

Pero nadie quiere soporte para los equipos de escritorio.

Nadie piensa que estos equipos merezcan el gasto de una tarifa plana. Y hay dos razones fundamentales para ello:

1) Los clientes piensan que entienden cómo funcionan sus equipos de escritorio.

Despues de todo, ellos viven con el equipo de escritorio todos los días. Cuando no estamos allí, ellos hacen lo que puedan para hacer que funcione. Hablan con el "personal de soporte" en mitad de la noche (Apple, Dell, Adobe, Microsoft). Y "aprenden" de otras fuentes que no son tú mismo.

Piensan que los adolescentes con espinillas y la gente que no sabe bien el ingles pueden saber cómo funciona un ordenador. Quizá no sean correctas, pero sus ideas funcionan.

En otras palabras, cualquier persona armada con un ratón sabe de esta materia. Así que no te necesitan.

Lo que no saben es que de esas 47 personas a las que emplean ninguna tiene interés en tratar de averiguar cómo funciona. Ellos han sido contratados para vender, introducir datos, crear textos, imprimir, etc.

Estas personas piensan que el disco duro es de 20 pulgadas de alto y está bajo su escritorio. Son los que te llaman cuando se va la luz para preguntar por qué su ordenador no funciona.

Estas personas hacen su trabajo perfectamente, pero no suelen tener conocimientos sobre cómo funciona su ordenador. Para ellos un gurú informático es una especie de genio que puede sustituir un tóner en esa esotéricas impresoras HP.

2) Los clientes no son conscientes de lo que llegan a complicar sus propios escritorios.

Mi cliente "generador-de-dolores-de-cabeza" favorito era una empresa legal plagada de prima donnas. Seis niveles de aplicaciones empresariales. Cada una debe de estar exactamente en el nivel necesario porque si no, no pueden funcionar juntas. Todas las actualizaciones deben hacerse a la vez en quince máquinas. Cada equipo debe conservar el mismo aspecto después de cada actualización o cambio.

Literalmente nos llevó nada menos que cinco horas de trabajo para instalarles un equipo nuevo.

Y sin embargo el tipo que firma los cheques nos dice: "No lo entiendo. Lo sacas de la caja, lo conectas a la red y lo enciendes. ¿Y por eso nos cobras cinco horas de trabajo?"

Lo siento pero lo que tu empresa quiere requiere de cinco horas de trabajo. Punto. Fin de la historia. ¿Debería hacer esto GRATIS porque tú piensas que entiendes de tecnología? [Respuesta: No]

Puedo escribir el mejor acuerdo de servicio. Pero mi abogado me pide que le page por revisarlo, así que pago. ¿Por qué? Porque yo no he estudiado leyes. Conozco los límites de mi capacidad.

Y también sé que es lo que no puedo hacer.

La cuestión de base es: el equipo de escritorio es la conexión más importante entre el humano y la red. El cliente conoce el valor de la red pero no el del equipo que le conecta a la misma.

Vivimos en un mundo de hechos confusos.

Cómo he dicho anteriormente, decirle al cliente que no tiene ni idea no es una buena estrategia de ventas.

Entonces ¿en dónde nos encontramos? Recapitulemos.

Tienes un cliente que piensa que tiene todo lo que necesita porque está satisfecho con lo que tiene.

Te ha "lanzado" la Objeción Asesina (tenemos todo lo que necesitamos) y tú le ofreces una serie de argumentos diferenciadores que van a dejarle claro que gestionar un equipo de escritorio es algo que va mucho más lejos del modelo break/fix.

En este momento pueden pasar dos cosas:

1. El cliente acepta y firma el Acuerdo de Servicios.

2. El cliente se mantiene en sus trece e insiste en que no le preo-cupan esos equipos.

En este momento solo nos queda un truco: tarificar tu oferta de Servicios Gestionados cómo si fueran Televisión por Cable.

En Estados Unidos tenemos el sistema de tarifas de cable más estúpido del mundo. Las empresas de cable ofrecen un servicio básico tan horrible que nadie está dispuesto a comprarlo. Si quieres añadir algún canal decente cómo HBO, seguramente tengas que subir a un paquete cómo "cable avanzado" o "cable estándar" o algo parecido.

El resultado: en un país de 370 millones de habitantes no debe haber más de diez suscritos al paquete básico de cable. Y seguramente que no haya nadie suscrito al paquete avanzado sin más. La gente que se suscribe al paquete avanzado lo hace porque quiere ver la HBO, la NBA, el paquete del Mundial, etc.

Básico. Avanzado. Paquete.

Plata. Oro. Platino.

Así de fácil…

La respuesta real, a largo plazo, es trabajar en un paquete que tenga sentido para nuestros clientes. De vez en cuando puedes salvarles de algún desastre, con lo que el valor del mantenimiento preventivo queda más que claro. Mientras tanto es necesario que les proporciones un valor visible y perceptible.

El día después del desastre, te acercas a tu cliente con una factura de tres, o incluso cuatro cifras. Y en ese momento les dices que por $60 (por ejemplo) pueden tener el mantenimiento mensual de ese equipo. Sin duda van a incluir ese equipo a sus servicios gestionados.

Por lo tanto es necesario que personalmente te convenzas – y te apasione- el valor que ofrece el soporte para equipos de escritorio.

Si dudas o tartamudeas al ofrecer el servicio, tu cliente se va a dar cuenta.

Diferencia el producto. Habla solo en términos de los beneficios que ofrecen los servicios gestionados para equipos de escritorio.

Afortunadamente para ti, los dos siguientes capítulos muestran exactamente qué es lo que vas a ofrecer cómo una clara justificación de la calidad y el valor de tus servicios.

Vamos a planificar y a celebrar una serie de reuniones con nuestros clientes actuales. Y los vamos a trasladar al modelo de servicios gestionados.

Y después, cuando tengas dominada toda la terminología y todas las descripciones de tus productos, podremos empezar a hablar con extraños (esa gente que aún no es cliente tuyo). También vamos a conocer la forma en que podemos hacerle firmar un acuerdo de servicios gestionados.

Capítulo13: Examen Rápido

1. ¿Por qué los clientes piensan que pueden gestionar sus propios equipos de escritorio? (p. 121) _____
   _____

2. ¿Cómo puede un desastre ayudarte a vender servicios gestionados?
   (p. 133) _____

3. ¿Por qué debes tener pasión al vender soporte para equipos de escritorio? (p. 124) _____
   _____

Recomendaciones de Lectura
(Dado que no hay libros concretos sobre el tema que hemos tratado, he decidido ofrecerte otros recursos.)

- *The One Minute Manager* de Kenneth Blanchard y Spencer Johnson

- *Five Good Minutes: 100 Morning Practices To Help You Stay Calm & Focused All Day Long* de Brantley Jeffrey, et al.

- *The Power of Focus* de Jack Canfield, Leslie Hewitt, Mark Victor Hansen.

- *First Things First* de Stephen R. Covey, A. Roger Merrill, y Rebecca R. Merrill

IV. Ejecutando el Plan

14. Sentándose con los Clientes

Si no eres fan de Los Soprano no visites **Satriale's Pork Store**.

En la televisa serie de Los Soprano, uno de los lugares favoritos de Tony para reunirse con otros mafiosos es Satriale. Un momento en el que traza una línea clara y vuelve a redefinir la relación que hasta ahora habían tenido.

Esta es la idea. Tienes que sentarte con tus clientes. Cara a cara. Personalmente. Que sepan que no eres un empleado más.

Tú has iniciado esta relación. Tú eres el contacto, la persona y la empresa. Tú eres el principio y el final de tu empresa.

Si quieres perder un cliente de forma segura, envíale por correo tus nuevas tarifas y espera a que te responda. [A ser posible con una silla cómoda cerca]

Esta es una aproximación a ese proceso de reuniones:

- Reúne datos
- Prepara tus carpetas
- Tienes que reunirte con todos tus clientes
- Tienes que hacerles elegir uno de tus nuevos planes.
- Tienes que dejar de lado a cualquier cliente que no quiera firmar el nuevo acuerdo.

ALTO: Estoy hablando en serio. Tienes que estar preparado, sincerarme y honestamente, desde el fondo de tu corazón, para hacerlo y huir si así se requiere.

Mira a tu alrededor, a todo lo que ya tienes: has definido a tu cliente ideal, tienes tu estructura de precios y tu acuerdo de servicios. Tienes tu tarifa de tres niveles. Sabes lo que quieres y lo has plasmado en términos cuantitativos. Tienes una lista de los servicios que ofreces y lo que quieres cobrar por ellos.

Tienes todo lo que necesitas.

Ahora solo tienes que tener el valor suficiente de dejarlos como clientes si no quieren firmar.

Un consejo importante para negociar: si no estás dispuesto a levantarte de la mesa, acabaras perdiendo (o pagando demasiado o cobrando muy poco). Así que vamos a ayudarte a que llegues al punto en que puedas tener la confianza, la experiencia y el valor de poder levantarte de la mesa.

Ordena a tus Clientes

Ya lo hemos hecho antes. En el Capítulo Seis habíamos hecho tres listas. Las llamamos Plata, Oro y Platino. Adivina ahora que acuerdo debería firmar cada cliente, en función de su rendimiento anterior.

El resultado es: una nueva lista de tres columnas: "Los que a lo mejor van a firmar un Plata" o "un Oro" o "un Platino".

Reúne tus Datos, Prepara tus Carpetas

Vamos a preparar una hermosa carpeta de presentación para cada uno de tus clientes. Si ya lo has hecho, perfecto. Si no, ya puedes correr a Staples a comprar carpetas. No dispongo de nada concreto para la presentación. Pero mientras sea profesional y vistoso, estará bien.

Lo suyo seria disponer una bonita carpeta de presentación con el nombre de tu empresa en la parte delantera y tu tarjeta en el interior.

¿Recuerdas aquel informe de facturación de mano de obra por cliente que hicimos? Vamos a volver a hacerlo para los últimos 12 meses desde hoy. Imprime dos copias de manera que puedas usar una para negociar con tu cliente. Ese informe muestra todo el dinero que el cliente ha pagado en concepto de mano de obra durante esos últimos 12 meses.

Nota: si tu cliente apenas gasta en este concepto, deja a un lado este informe. Una vez visitamos a un cliente que gastó unos $1,000 el año anterior. Pensábamos, al 99%, que el cliente nos iba a dejar, pero queríamos que decidiera por sí mismo. Y la sorpresa fue la firma de un contrato de $500/mes. Nada menos que $6,000 al año. ¡Estábamos encantados de tenerlo a bordo!

En esta carpeta también debes incluir dos copias de tu nuevo acuerdo de servicio, dos copias de tus tarifas y una copia del documento de autorización para la tarjeta de crédito, donde realizar los cargos. Es necesario si el cliente quiere pagar con tarjeta.

Y nada más. No hace falta incluir folletos ni material de marketing (porque ya saben quién eres).

Limpio y sencillo.

Hora de Establecer las Citas

El orden en el que hablas con tus clientes es extremadamente importante. Tenemos tres niveles: los más propicios a firmar Plata, a firmar Oro y firmar Platino.

Vamos a empezar por los de menor nivel (los que piensas que van a escojer Plata) por varias razones.

La primera, porque piensas que muchos de esos clientes no van a querer firmar nada.

Segundo, porque son los menos dispuestos a firmar.

Tercero, porque si firman seguramente se acojan a un Plata.

Esta es la estrategia: Todavía no has presentado tu impresionante plan a nadie. Así que no hay nada mejor que tus "peores" clientes para practicar. A ellos les vas a explicar tu modelo y las características de cada nivel. Y les vas a decir las palabras mágicas "Creo que el servicio Platino es el mejor para ti."

Y entonces tendrás que escuchar. Anotarás cada pregunta, cada objeción, y responde a todas: "Es un punto interesante."

En otras palabras, la estrategia que emplearas con estos clientes plata te demostrará cómo puedes vender este producto a tu siguiente nivel de clientes. Vas a aprender a responder a las objeciones y a sus preguntas. Y vas a desarrollar las respuestas necesarias.

Durante este proceso vas a desarrollar la confianza necesaria en tu nuevo sistema. A defenderlo frente a tus clientes y frente a ti mismo. Vas a convencerte a ti mismo tanto como vas a convencerles a ellos.

Por ahora solo vamos a reunirnos con los posibles Plata. Empezaremos con los Oro cuando vayamos más o menos por la mitad de la lista de los plata.

Nota Importante de Seguridad: ¡¡¡Estos encuentros tienen que ser personales!!! No pueden ser por teléfono, ni puedes enviarles tu tarifa por email.

Es una reunión directa, cara a cara.

Tendrás que tomarte un "descanso" de unos 15 a 30 minutos para sentarte a la mesa con tu cliente y hablar de cómo vas a renovar su relación futura. De hecho las operaciones de tu cliente también pasan por el mismo efecto. Obligas a que tu cliente pare por un tiempo, se siente y se centre en el tema.

No te sientas decepcionado si ves que tus clientes no dan un brinco ante la oportunidad de reunirse contigo. Suelen estar muy ocupados y tú no eres más que uno de sus proveedores. Además seguramente barrunten malas noticias o un incremento de precios de tus servicios. Pero la mayor parte de ellos suelen estar ocupados.

No te reúnas con el gestor de la oficina o con tu primer contacto a menos que sea la persona que tiene la capacidad de firmar el contrato.

No te reúnas con nadie que no pueda decir Sí.

Mucha gente puede decir que no. Pero solo una o dos personas pueden decir que sí. No te reúnas con quien no pueda decirte que sí.

Este proceso de redefinición de tu relación empresarial es algo que debe hacerse de propietario a propietario. Por eso no debes reunirte con nadie que no pueda decirte que sí.

Si acudes a la cita y la persona que puede *decir* si no está, se amable y cambia la cita. No cedas. No te reúnas con nadie que no pueda decir sí.

[¿Puedo dejar de darme cabezazos con las esquinas? No te reúnas con nadie que no pueda decir sí.]

Prepara Tus Reuniones

Es necesario saber algunas cosas antes de acudir a tus reuniones. Es algo extremadamente importante si no eres un vendedor experto.

Antes de acudir a tu cita elabora algunas notas concretas sobre el cliente. La información económica ya la tienes. Ahora necesitas saber lo siguiente:

1) ¿Has tenido problemas de facturación con el cliente? ¿Se ha quejado de alguna factura, se ha retrasado en los pagos, etc.? Conviene estar atento.

2) ¿Se han producido problemas técnicos "pegajosos"? Dicho de otro modo, ¿vas a acudir a una reunión de ventas con una empresa cuyo correo no circula y que tiene su servidor caído? Puede ser algo molesto. Del mismo modo ¿ha tenido tu equipo alguna actuación "espectacular" para esa empresa?

3) ¿Hay algún otro problema o circunstancia en tu relación con el cliente que debas tener en cuenta? Si después de tus cinco primeras reuniones, los cinco clientes te dicen que el tiempo de respuesta es excesivo, más te vale que te encargues de volver al taller a resolver el problema.

4) ¿Hay algún tipo de requisito técnico que el cliente deba cumplir para acceder a su plan? Por ejemplo, uno de los primeros clientes con los que firmamos se resistía a pagar por un sistema profesional de copias de seguridad. Usaban el viejo Backup de NT. Así que una de nuestras condiciones fue la compra de Backup Exec, ¡algo que hizo por cierto!

5) ¿Se ha producido algún incidente reciente que podía haber estado cubierto por el plan? Esto es muy bueno, sobre todo por el Platino. Por ejemplo, las 10 horas de trabajo con el ISP cuando le dio por cambiar las DNS de los servidores. Eso podía haber estado cubierto.

Estas notas pueden ser distracciones. Vas a acudir a una reunión de alto nivel con alguien autorizado a decirte que sí . Y esa persona tiene el derecho de decirte todo lo que quiera sobre cómo va a ser su relación en el futuro (y cómo fue en el pasado). No te sorprendas ni te enfades por ello.

Después de todo lo primero que vas a decirle es "Tengo confianza que todo funciona correctamente". Haces todo lo que puedes para que esa frase sea una realidad, y para poder oír a tu interlocutor decirte "Oh, sí, estamos muy satisfechos con el servicio."

Continuara..

Lamento que este tema sea tan largo, pero es algo vital. Aquí es donde te juegas tu objetivo: firmar al menos un acuerdo en este primer mes.

 A continuación nos adentramos en la reunión. ¿Sientes ya el hormigueo?

"Tenemos un Correo"

Mike nos Escribe sobre el Tamaño Adecuado del Cliente

Mike nos hace algunas preguntas excelentes sobre los clientes. Estas son sus preocupaciones:

1) Los clientes son muy pequeños (Menos de $1,000/año).

2) El cliente medio no tiene más de 10 puestos; Windows Professional; peer to peer; desktop active cómo servidor; sin Backup; sin RAID; sin suministro eléctrico de emergencia; la web y el correo se alojan fuera de la red.

3) Reforzar el proceso con un servidor real supondría más gastos y más dolores de cabeza. "Mi percepción es que los Servicios Gestionados no son más que una niñera demasiado cara."

Mike, creo que lo primero que quiero decirte es lo que digo cuando empiezo una de mis presentaciones:

Es igual de fácil enamorarse de un hombre rico

que de un hombre pobre.

Lo que quiero decir: Trabajas igual de duro con un cliente que valora su tecnología que con un cliente break/fix que no presta atención alguna a sus equipos y sistemas.

Esos dos tipos de clientes siempre van a existir. Los dos necesitan soporte técnico. Recuerda: no importa el aspecto que tenga el cliente, ya que siempre habrá gente que quiera gastar dinero y gente que no quiera. Hay clientes que quieren un soporte técnico serio y otros que no lo quieren.

En estos momentos nuestro cliente promedio tiene doce empleados, con quizá unas 14 máquinas (incluyendo portátiles) y un servidor. Su dominio es bajo Small Business Server, disponen de copia de seguridad en cinta y al menos un correo interno. Algunos también tienen su web onsite.

Así que puedes ver lo fácil que es hacer negocios con clientes pequeños, que no tienen más de una docena de puestos. Sea cual sea el tamaño del grupo y de la empresa, siempre vas a encontrar a gente que está dispuesta a invertir en tecnología.

En ese mismo grupo vas a encontrar personas que no le dan importancia a la tecnología y no están dispuestos a invertir en ella. Es cierto para cualquiera de estos profesionales: médicos, abogados, contables, asociaciones, etc.

Aquí tienes un ejemplo perfecto:

El primer contrato de servicios gestionado que firmé fue con un cliente con nueve máquinas y un servidor. $6,000/año.

Justo después (y puedo jurar que es cierto) hable con otra empresa que tenía diez equipos y un servidor Small Biz. El afirmaba que no le preocupaba que el servidor estuviera caído un par de días. Quería que los documentos estuvieran copiados al día, pero si perdía algunos tampoco pasaba nada.

¿Qué podía decirle? "Bueno, si tú no te preocupas por la tecnología de tu negocio, ten por seguro que yo no voy a hacerlo."

La primera empresa sigue siendo cliente mío. La segunda no.

Mi idea del objetivo empresarial es perseguir siempre el crecimiento: más clientes, más ingresos por cliente, más beneficios, más profesionales, más hábiles, capaces y productos. Pasar al siguiente nivel, sea lo que sea.

Sé que ese objetivo no es común a todos los consultores SMB.

Mi opinión es mía, y sé que puede ser útil a algunos y no a otros. Está pensada para las personas que quieren hacer que su negocio crezca lo necesario cómo para poder disfrutar de ser el dueño de una empresa de consultoría tecnológica.

También tengo la sensación de que personalmente no crees en la necesidad (y el valor) de estos servicios gestionados.

Nunca he vendido nada innecesario a mis clientes y no creo que ningún consultor decente SMB lo haga.

Solo porque alguien cambie su servidor de peer-to-peer a un servidor y un dominio no quiere decir que le estemos vendiendo más de lo que necesita.

De hecho, lo más frecuente entre los consultores es vender de menos: asumir que nuestro cliente no quiere gastar dinero. Así que no le vendemos a ese cliente el servidor que necesita. Los dejamos anclados en sus viejos equipos, faltos de potencia, que cuestan mucho más de lo que ahorran con su cambio. Dejamos a los clientes ejecutando quince equipos diferentes cada vez que cambia una contraseña en vez de tener un sencillo controlador de dominio.

Así que volviendo a la pregunta inicial: ¿Cómo salir de ese bache? Empieza leyendo *The Dip* de Seth Godin.

No solo vas a salir del bache: ¡casi vas a salir de la tierra!

La Receta del Éxito

Siendo brutalmente sincero, esta es mi receta:

Primero, define que aspecto tiene tu cliente.

Segundo, establece cuáles son tus intenciones y convéncete de que no tienes que agarrar cada dólar que cruce en tu camino.

Y deja a un lado a los clientes potenciales que no encajan en tu perfil. Seriamente.

No vas a perder dinero porque vas a seguir ingresando el dinero que ingresas hoy. Pero el día que encuentres un cliente que encaje en tus criterios – bingo – habrá llegado el momento. Habrás firmado tu primer contrato de servicios gestionados.

Es difícil dejar de lado el dinero, pero lo cierto es que esos malos clientes son los que te van hundiendo. Están ocupando tus recursos y tu personal en atender a personas que podrían ser atendidas perfectamente por Best Buy o Fry's.

Si quieres salir del hoyo tienes que empezar a buscar clientes que estén interesados en disponer de un servidor.

La palabra clave para mucha gente es la seguridad. Véndeles el servidor cómo un lugar seguro donde almacenar sus datos, mantener sus copias de seguridad y gestionar a su personal.

Pero recuerda, no puedes aceptar un nuevo grupo de clientes con el mismo aspecto que tus viejos clientes. ¡Ellos son los que te mantienen fuera de juego!

Sentándose con los Clientes, 2ª Parte

Recapitulemos:

Hasta ahora hemos hablado de…

- Recopilar datos.
- Preparar las carpetas.
- Hacer las citas.
- Reunir toda la información "especial" que necesitas antes de tu cita.

Ahora ya estamos listos. Es el momento de cruzar la puerta y sentarse a la mesa. En el siguiente capítulo hablaremos de:

- La reunión en si.
- Costo de instalación
- Prepago

Capítulo 14: Examen Rápido

1. ¿Cómo puedes dejar al cliente que no quiere firmar un acuerdo de servicios gestionados? (p. 126)

    _____

2. ¿Con quién no deberías reunirte para tratar el cambio al modelo de servicios gestionados? (p. 130) _____

    _____

3. ¿Cómo deberías dejar a esos clientes que no encajan en tu modelo ideal? (p. 135) _____

Recursos Adicionales para Profundizar

- *The Dip* de Seth Godin: http://sethgodin.type-pad.com/the_dip

- *The 100 Absolutely Unbreakable Laws of Business Success* de Brian Tracy

- *Leadership Secrets of Attila The Hun* de Wess Roberts

- *Super Service: Seven Keys to Delivering Great Customer Service...Even When You Don't Feel Like It!...Even When They Don't Deserve It!* de Jeff Gee, Val Gee

15. La Reunión

[Música de Tensión.]

Bien, estás listo. Tienes tu nuevo acuerdo de servicios gestionados, tu tarifa de tres niveles, los datos financieros de tu cliente, los requisitos que precisa la firma, su "salud" técnica y sus problemas cómo cliente.

Seguramente tu cabeza este llena de discursos de práctica. Ponles freno por ahora.

Conoces a esta gente. Has trabajado con ellos y te llevas bien con ellos.

Esto no es más que una cosa más que tienes que hacer.

¿Qué es lo que corre por la cabeza de tu cliente? Vamos a pensar en ello. Ellos esperan que les anuncies algo importante. Que dejas el negocio, o que subes tus precios, o que vas a dejar de atenderles.

En todo caso, tienen curiosidad. Sobre todo si has insistido en una reunión cara a cara, has marcado la hora y el día, etc. Es algo más formal de lo que solía ser su relación.

Así que la buena noticia es: Los clientes saben que esta reunión es para subirles los precios. Están preparados para ello así que eso no te debe dar miedo. Es algo cómo un acuerdo no verbal que surge antes de la reunión.

Ponte en camino. Llega a tu hora. Ponte cómodo. Saluda. Intercambia algunos comentarios amables. ¿Qué puedo hacer por ti? Ha llegado el momento.

"Estamos cambiando nuestra forma de trabajar. Nuestra empresa está invirtiendo en nuevos productos que nos permiten ofrecerte un nivel de servicio mucho mayor a un precio excelente."

"Estamos cambiando nuestra forma de trabajar a un sistema con tres opciones diferentes, dependiendo de tus necesidades."

"Empezaré con el plan Plata, ya que es la base de todos los demás y es el que menores coberturas incluye.

Comenta el plan Plata. Y el Oro. Y el Platino, por solo un poco más.

"Pensamos que el Plan Platino sería el más adecuado para tu empresa porque te ofrece una cobertura integral. Nos encargamos de gestionarlo todo."

"El año pasado gastó unos …. Este gasto está en línea con el plan…"

Y ahora para.

Silencio.

No hables.

No tengas miedo al silencio.

Responde a sus preguntas. (Y anótalas para crear tu propio FAQ para próximas reuniones).

Cierra la venta.

No dejes que se lo piense.

"Me gustaría firmarte en el plan Platino. De hecho podemos empezar con él hoy mismo."

Costos de Instalación

Los costos de instalación existen.

Y deberías de cobrarlos. Tu trabajo tiene un valor. Y a tu empresa le cuesta dinero disponer de Continuum, PacketTrap, LabTech, Level Platforms, o cualquier otra herramienta RMM. Además también pagas por Autotask, ConnectWise, PacketTrap, y las demás herramientas PSA. Y seguramente por el filtro de spam, y por el antivirus, y por el exceso de trabajo. Toda tu actividad cuesta dinero.

Aun cuando no hayas comprado estas herramientas aun (tema próximo) seguramente tendrás que gastar recursos y dinero en monitorizar los equipos y servidores de otra manera.

Al mismo tiempo, este costo de instalación puede ser flexible. Mucha gente no es capaz de aceptar un acuerdo hasta que logran obtener algo de ti. Algo, aunque sea un bolígrafo barato o un céntimo de descuento. El valor es irrelevante. Es una cuestión de orgullo. Incluso llegan a pedir un descuento cuando van al supermercado. No pueden evitarlo.

Vamos a suponer que tu cuota de instalación es el 50% de una cuota mensual, aunque podía ser el 100%.

Puedes "perdonar" este importe por cualquier razón que te venga bien. O puedes reducirlo. O puedes usarlo para prestar servicios completos hasta fin de mes.

Ante un cliente promedio y si estamos a primeros o mediados de mes, yo soy partidario de cobrar esa cuota.

Si el cliente te ha dado puros problemas, no quizo firmar y luego cambio de opinion: costo de instalación entero, sin preguntas.

Si firman el tercer día del mes, cobra el importe del Acuerdo de Servicio Gestionado (MSA) de ese mes y renuncia a la cuota de instalación.

Ya tienes la idea. Solo tienes que moverlo a tu beneficio.

Una Cosa Mas

Hay algo más que debes decirle al cliente: en este nuevo modelo todas las tarifas se pagan por adelantado. Puede hacerlo por tarjeta bancaria, mensualmente, o pagar tres meses por adelantado mediante cheque. La decisión es tuya.

No es necesario que me contradigas esta cuestión. Solo tienes que revisar lo que hemos hablado sobre los flujos de caja. O las facturas del cable, el teléfono, la fotocopiadora, el alquiler, la electricidad, el seguro, etc. Así es cómo funciona este mundo. Y tu estas saltando al siglo XXI. Bienvenido a bordo.

Concluir la Reunión

En este momento ya deberías tener tu acuerdo firmado. Firma dos copias, una para cada uno. Calcula la tarifa mensual y el costo de instalación.

No olvides rellenar la autorización para la tarjeta de crédito si te pagan de esta forma. Si el pago es mediante cheque, deberán darte para tres meses de cuotas.

Dale las gracias a tu cliente. Asegúrate de que esté satisfecho y de hacerle saber que ahora vas a cuidar de su negocio cómo nunca antes había imaginado. Lo cual es cierto.

Si, por cualquier razón, no llegas a firmar el acuerdo, establece una fecha en la que tienen que decidir qué es lo que van a hacer. No lo demores – no deben pasar más de dos semanas.

Tienen que tomar una decisión. Si de pronto te ves llamando o enviando cartas que no reciben respuesta entonces ha llegado el momento de escribir la carta de despedida. Se profesional y respetuoso y deja siempre abierta la puerta por si algún día consideran necesario disponer de un servicio profesional.

"No tomar una decisión" no es una opción.

A continuación veamos los tramites posteriores a la venta.

Pero mientras ¡disfruta de tu éxito!

Capítulo15: Examen Rápido

1. ¿Cuál es la razón por la que el cliente piensa que quieres reunirte con él? (p. 138) _____

2. ¿Deberías cobrar una cuota de instalación? (p. 140) _____
   _____
   _____

3. ¿Cuándo debes plantear el asunto del pago por adelantado de tus servicios? (p. 141)__ _____
   _____

Recursos Adicionales para Profundizar

- Autotask – www.autotask.com

- ConnectWise – www.connectwise.com

- Continuum – www.continuum.com

- LabTech – www.labtechsoftware.com

- Level Platforms – www.levelplatforms.com

- PacketTrap – www.packettrap.com

16. Después de la Venta

Estado:

Acabas de firmar un acuerdo.

¡Excelente!

Felicidades.

Envíame rápidamente un correo a <u>karlp@greatlittlebook.com</u> y dime "¡Lo he logrado!"

Accede al grupo de Servicios Gestionados de Yahoo y presume de tu victoria. http://groups.yahoo.com/group/SMBManagedServices/

Sub Tema Primero: Unas cosas prácticas

A continuación vamos a ocuparnos de algunas cuestiones muy prácticas.

La reunión con tu cliente no concluye hasta que terminas la larga lista de cosas que tienes que hacer. ¿Y cómo se encarga Karl de hacerlo todo? Pues aquí está la sorpresa: ¡tenemos una lista!

En primer lugar crea una portada que incluya los siguientes datos:
- Nombre del Cliente
- Fecha
- Paquete (rodea el elegido) Plata - Oro - Platino
- # de servidores / Precio por Servidor
- # de máquinas / Precio por Maquina
- Importe Mensual
- Cuota de Instalación
- La cuota de instalación se paga por (rodea uno) Cheque / Tarjeta de Crédito

- La cuota mensual se paga por (rodea uno) Cheque / Tarjeta de Crédito
- Datos de Facturación

En la página siguiente vamos a crear una lista con todo lo que tenemos que hacer, quien es el responsable de hacerlo y que día lo hemos hecho. Puedes incluso usar este documento cómo referencia para ver que todos los trabajadores y departamentos están haciendo lo que deberían hacer.

Si estas solo, también es preciso crear esta lista, para poder estar al tanto de todo lo que tienes que hacer.

Obviamente este es un ejemplo ficticio que no tiene nada que ver con lo que hacemos en nuestra empresa.

Tu Lista:

Comprobar que los nombres y datos de facturación son correctos (vas a usar esos datos en las herramientas RMM, PSA, tu paquete financiero, tu lista de correo, etc.)

Crear Facturas para la instalación / cota mensual

Calcular el importe de instalación y del primer mes

Cobrar:

Si es por Tarjeta / ACH

Disponer del formulario de la Tarjeta / ACH

Cargar la Tarjeta o cobras vía ACH: costo de instalación/primer mes

Incluir el Pago en QuickBooks

Crear un Autopago Mensual Recurrente

Si es por cheque

Obtener el cheque del cliente (3 meses + instalación)

Incluir el Pago en QuickBooks

Asegurarse de que el cheque este cobrado

Archivar la documentación (p.e. acuerdo de servicio)

Actualizar la lista de clientes con Acuerdos de Servicios Gestionados (MSAs)

Crear los créditos necesarios para el filtro de spam y los servicios ya incluidos en MSA

Retirar los antiguos acuerdos en el sistema PSA

Crear el nuevo acuerdo de servicio en PSA

Crear un Informe Ejecutivo RMM

Crear una Petición de Servicio para incluir al cliente en las herramientas PSA y RMM

Configurar la monitorización y los parcheos planificados

Configurar el cliente de spam, si procede

Formar al cliente sobre el filtro de spam en host

Instala el agente RMM en los equipos del cliente (crear SR)

Instala el agente RMM en los servidores del cliente (crear SR)

Añadir el servidor a la monitorización diaria RMM

Añadir el servidor a la gestión de parches en RMM

Configurar los trabajos de copia de seguridad que se enviarán al monitor KPE

Actualizar la hoja de monitorización diaria para incluir las nuevas necesidades del cliente

Enseñar el contacto del cliente: Portal de Servicio PSA

Enseñar el contacto del cliente: Proceso de Solicitud de Servicio

Enviar carta de bienvenida al cliente

Y todo lo demás. Esta carta ha sido editada para consumo público. Puedes modificarla con tus propios herramientas y procedimientos.

Nota: se incluye una copia de esta lista en formato Word en el contenido descargable de este libro.

Aviso a Navegantes…

¿Has visto todo lo que tienes que hacer para ofrecer un soporte espectacular? Y eso que esta lista no incluye el mantenimiento de tus herramientas RMM, ni gestionar los portales y contraseñas, ni crear folletos o PowerPoints…

Tú no eres un inútil que se ha metido en este trabajo por hacer algo. Eres un profesional formado, con una empresa que ofrece servicios de alta calidad a las empresas que están dispuestas a externalizar su departamento de IT.

Por lo tanto no tienes, encima, que pelearte con servidores de dieciséis años de vida en un modelo break/fix. Esos no son tus clientes.

Y sí, cobras una cuota de instalación, y estas encantado.

Sub Tema Dos: Revisando el desbrozado de tu jardín de clientes

El tema de decir adiós a los "buenos clientes" siempre provoca palpitaciones.

Por eso hemos estructurado las reuniones de esta forma. Después de que te hayas reunido con tres o cuatro clientes de "teórica" Plata, es probable que tengas firmados dos o tres acuerdos. Ya has incrementado tus ingresos recurrentes. Y tienes más dinero en el banco: por el prepago mensual, por el primer mes y por la instalación.

Justo aquí es donde puedes ver el valor de este modelo de negocio. Ahora sabes por qué deberías orientar a tus clientes a un Platino. ¿Quién hubiera pensado? Esos clientes no solo han estado de acuerdo con tu nuevo planteamiento sino que también han adquirido un compromiso real y financiero con tu nueva empresa.

El futuro es mucho más claro, y todo gracias a ti.

Y no, esto no es broma.

Este es el modelo bajo el cual debería venderse y realizarse todo el soporte técnico. Es el futuro. Y tú y tus clientes van a hacerlo juntos.

Así que si has tenido algún cliente que te haya dicho que no valora el mantenimiento preventivo, y que prefiere el modelo break/fix, seguramente no vas a ser muy simpático.

Porque ahora vas a darte cuenta, después de firmar esos tres acuerdos, que tus clientes han puesto literalmente sus empresas en tus manos. Creen y confían en ti. Y cuando sus servidores se caen o el correo deja de fluir, tú vas a cuidar de ellos. Has aceptado un mayor nivel de responsabilidad a cambio de más dinero.

Mientras tanto tu primo Larry seguirá ofreciendo su servicio de "soporte" y seguirá llamándote cuando rompa algo de tal forma que no pueda arreglarlo. Cuando hayas firmado esos dos o tres acuerdos entenderás que no puedes ofrecerle al primo Larry el mismo nivel de soporte que ofreces a tus clientes, ya que ellos ahora están en un nivel superior. Y tú estás allí también.

No puedes dejar de firmar un contrato por tal de resucitar un servidor que no mantienes, no gestionas, no controlas y no sabes cómo lo han montado.

Empezarás a creer que tu futuro está con los clientes quienes valoran tus servicios. Y por eso es más fácil comprometerse y dejar a un lado a los clientes break/fix.

Si no me crees, espera a tener algunos acuerdos más firmados. Esto realmente es tu futuro.

Así que ahora puedes ir a las reuniones con un nivel de confianza mucho mayor. Cuando alguien te diga que no quiere firmar, ni vas a enfadarte ni vas a ofenderte. Y tampoco vas a tener una mentalidad de pobre miserable. Solo vas a decirle. "No hay problema. Conozco gente del grupo de IT Pro local, entre los que puedo encontrar un SBS que aun ofrezca servicios break/fix."

Cuando estés a punto de levantarte de la mesa, no debes ceder.

Y cuando honestamente creas, de corazón, que no necesitas agarrar cada dólar que se cruza en tu camino, tu empresa avanzará al siguiente nivel.

A continuación vamos a ver algunas de las cuestiones más importantes para mantener la rentabilidad. Echaremos un vistazo a las herramientas necesarias para proporcionar servicios gestionados.

Capítulo16: Examen Rápido

1. Cómo profesional de alto nivel no quieres clientes que… (p. 147) _____

2. ¿Qué vas a saber de tus clientes una vez que firmes tus primeros tres contratos? (p. 148) _____

    _____

    _____

3. ¿Cómo le afecta a tu negocio el saber que no necesitas coger todo lo que pasa por tu puerta? (p. 149) _____

    _____

Recursos Adicionales para Profundizar

*   El Blog de SOP Friday– www.SOPFriday.com

*   karlp@greatlittlebook.com

*   Entra en el Grupo de Servicios Gestionados de Yahoo y canta victoria. http://groups.yahoo.com/group/SMBManagedServices/

17. Las Claves para Mantener la Rentabilidad

En el capítulo siete hablamos de algunas cuestiones generales que debes saber para que tu negocio avanzase. También hemos creado una larga lista de consejos para hacer negocios. En este capítulo afinamos la cuestión de cómo ofrecer servicios gestionados con éxito.

Uno de mis proyectos favoritos es "SOP Friday", una serie de publicaciones de mi blog. Descúbrelo en www.sopfriday.com. Aquí trato de explorar cada aspecto de este negocio, todo bajo un punto de vista que permita estandarizar y mejorar las opciones de poder tener éxito en tu empresa.

Por eso considero que hay más de 700 cosas que puedes hacer para mejorar. Pero solo es necesario centrarse en los puntos más importantes. Por eso, en este capítulo vamos a ver las cuestiones más importantes que debes recordar.

No Eres Único

Bueno, sí, quizá seamos únicos cómo los copos de nieve.

Pero en el mundo empresarial no puedes limitarte a decirme que las leyes del universo no van contigo y que tu negocio es diferente de todos los demás de modo que las normas terrenales no vayan contigo.

En otras palabras, asume y acepta el consejo de la gente que ha tenido éxito. No digas "Eso no va conmigo" a cualquier consejo que te den. Cuando oigo a la gente decir....

✓ Eso no es aplicable a mi negocio (o a mi ciudad, o a mi nicho de mercado)

- ✓ Mis clientes nunca harían eso

- ✓ Si hago eso voy a fracasar

- ✓ No puedo cobrarles intereses

- ✓ No puedo cobrarles intereses de demora

- ✓ No puedo cobrarles tanto por cada hora

- ✓ Lo que le funciona a esa gente seguro que no me funcionará a mi

- ✓ Mis clientes no quieren pagar por adelantado

- ✓ No puedo afrontar el uso de tarjetas de crédito

. . . sé que esa gente se miente a sí mismo. No sé por qué no aceptan el consejo que se les ofrece. Pero en algún momento tienen que darse cuenta de que algunos consejos son tan universales que **es imprescindible escucharlos.**

Es virtualmente imposible que tu empresa sea tan diferente de todas las demás empresas del planeta cómo para que lo que le funciona a miles de empresas casualmente no te funcione a ti. Sé más humilde y ¡acepta el hecho de que millones de personas de éxito tienen que estar en lo cierto!

Debes Firmar Acuerdos de Servicio

Llámalos contratos, o encargos, o cómo quieras. Pero tienes que fírmalos. Piensa en tu casa. Tienes acuerdo por el alquiler, por la televisión por cable, por Netflix, por tu coche, por el acceso a internet, etc. Tus clientes también tienen todos esos acuerdos, además de los de la limpieza, la contabilidad, las nóminas y muchos más.

Todos firmamos y usamos contratos a diario. Yo mismo firmo contratos a diario en este negocio por lo que no puedo entender esa resistencia. Una y otra vez los consultores me dicen que se sienten mal firmando contratos, o que sus clientes no confían en los contratos, o que su clientes simplemente no quieren fírmalos.

Son tonterías.

Toda nuestra sociedad se basa en acuerdos y contratos. Tienes que eliminar ese bloqueo mental que te limita. Los acuerdos de servicio son críticos para tu negocio.

Sin acuerdos de servicio los ingresos esperados para el primer día de cada mes son **cero**. Esto quiere decir que tendrás que empezar desde el principio y buscar dinero para pagar tus facturas cada inicio de mes.

Con los acuerdos de servicio tienes un ingreso mínimo garantizado cada mes. Y aunque tienes que mover el culo para cumplir con lo que has prometido, también sabes que podrás mantener a tu familia mientras seas capaz de hacer lo que dices que vas a hacer.

Hay cientos de grandes razones para usar acuerdos de servicio – legales, financieras y prácticas. Así que ¡hazlo!

Ten una Definición Clara de los Servicios Gestionados

Recuerda lo que decíamos en el capítulo Diez. No tienes que usar mi definición, pero necesitas una definición simple y clara para explicar a tus clientes y empleados lo que son los servicios gestionados, de modo que no tengan duda sobre lo que se incluye y lo que no.

Para resumir, nuestra definición:

"Definimos los servicios gestionados cómo el mantenimiento del sistema operativo y el software instalado. Ese mantenimiento no incluye cambios, traslados o nuevas instalaciones."

Usa esta definición una y otra vez. Seguramente quieras hacer un poster y ponerlo en la pared. De esa forma todo el mundo tendrá la orientación necesaria cuando cree tickets de servicio, cuando hable con los clientes o cuando decida que trabajo debe hacer.

Debes Cobrar Todo por Adelantado (O por lo menos todo lo que puedas)

Adoro esta política por dos razones. La primera porque tienes el dinero por adelantado de modo que puedes cubrir todos tus gastos sin problemas. Una promesa real de los modelos de Servicios Gestionados.

Cuando empiezas a firmar contratos tu ingreso mensual recurrente es de cero. Si cada cliente paga de $1,000 a $2,500 al mes, verás cómo esos ingresos mensuales crecen rápidamente a ...

$1,000

$2,000

$3,500

$5,500

$8,000

Así que cuando llega el primer día del mes, y los pagos de las tarjetas de crédito pasan a tu cuenta en unos tres días hábiles, descubres con alegría cómo has cubierto la mayor parte de los gastos mensuales.

Segundo, si cobras por adelantado, nunca tendrás que perseguir a nadie para que te pague. El cobro es la peor cara de tener una empresa.

Algunas personas se pasan gastando. Y cuando una persona te debe una gran cantidad de dinero, la posibilidad de cobrar todo lo que debe es escasa. Por alguna razón la deuda que va envejeciendo, se convierte en un número y empieza a menguar. Así que la realidad es que esas personas están comprando tus servicios con descuento.

Lo más gracioso es que estas ofreciendo descuentos a tus peores consumidores. Cómo habrás visto no les he llamado clientes.

Hay otro problema cuando no cobra por adelantado tanto el software y el hardware. Además de adelantar dinero puedes encontrarte con que el cliente cambia de idea o, peor aún, quiere cancelar su pedido. Si cobras por adelantado tanto el hardware cómo el software, entonces los cambios se reducen – y también es menos probable que te veas implicado en cambios y problemas.

El Cash Flow puede MATAR a tu empresa. Un buen flujo de caja te pone en la cima del mundo. Cobrar por adelantado es lo mejor que puedes hacer por tu empresa y su cash flow.

Todo lo que Vendas Debe Dar Beneficios.

Ya conozco la reacción: ¡Pues óbvio!

Pero estarías sorprendido de saber cuánta gente se encuentra en una posición en la que apenas ganan- o incluso pierden dinero – de sus productos y servicios. Por eso debes buscar tu forma de lograr beneficios. Aquí tienes algunas ideas para empezar.

1. Añade siempre un margen del 20% a las ventas de hardware y software. A veces esa venta es más cara que en una tienda o en la

web. A mí no me importa. Solo el 1% de mis clientes me dice que puede encontrar esos productos más baratos en otro sitio.

No solo estamos hablando de que vendas "algo" a tus clientes. Antes tienes que haber hecho el trabajo de descubrir cómo venderles lo correcto. Cuando ellos compran algo por su cuenta es más probable que compren alguna basura que haga que ambos se sienten miserables.

Cómo alternativa puedes cobrarle a tu cliente una hora de mano de obra y ayudarle a buscar el producto adecuado. Ellos estarán felices y tú ganarás dinero.

La gente tiene miedo de esta política, pero es sólida cómo una roca. Te prometo que no vas a perjudicar a nadie. Y si no ganas dinero vendiendo hardware y software ¡deja de venderlo!

2. Calcula los COGS – Coste de los Productos Vendidos. Este punto es especialmente importante respecto de la mano de obra, incluyendo la de los contratos de servicios gestionados. De nuevo, tienes que tener un margen amplio. Nosotros tenemos un margen en torno al 40% para la mano de obra.

Digamos que tienes un cliente situado a unas 45 millas. Así que le pagas al técnico unos $25/hora (incluyendo seguridad social, impuestos, beneficios) por ir allí, hacer lo que sea y volver. En total emplea tres horas y trabaja una sola hora de forma efectiva. Además, tienes que pagarle al empleado el combustible, a 55 centavos por ejemplo, lo que son otros $49.50 de gastos.

El costo total de esa hora de mano de obra es de $124.50. Así que más te vale cobrar $150/hora para poder ganar algo. Aun cuando incluyas un costo de desplazamiento de $60, todavía te costaría otros $84.50.

Sigue el mismo proceso para los contratos de servicios: usa QuickBooks y PSA para conocer el costo del soporte a cada cliente. Incluye el costo de las herramientas RMM, desplazamientos, mano de obra, etc. Todo lo que pueda influir. Algunos clientes son puro beneficio. Otros clientes son tan poco rentables que no merecen la pena.

Ejemplo: Firmamos un contrato con un gran cliente que era un auténtico dolor de cabeza. Trabajar con él era más que estresante. Ganabamos unos $75,000 al año en mano de obra y otros $75,000 en hardware y software. A un margen del 40% para la mano de obra y del 20% para el HW/SW debería producir unos beneficios de $45,000.

Sin embargo, este cliente demandaba mucha mano de obra. Además de una forma más que estresante. La consecuencia es que el beneficio del cliente era de solo $26,000, ¡Menos del 60% de lo que debería ser!

Podríamos tener un cliente de la MITAD de su tamaño y generar esos mismos $26,000 en beneficios. Recuerda, no tienes que reemplazar el total de ingresos, sino los beneficios reales.

Al final dejamos a ese cliente, con el tiempo disponible buscamos otros clientes más tranquilos y ganamos aún más dinero. Es cierto que tienes que creer en ello para conseguirlo, pero lo bueno es que funciona.

Evita los Cambios de Alcance a toda Costa

La frase más importante para ahorrar dinero en nuestra empresa es "Eso queda fuera del alcance de este proyecto". La mayor parte de los consultores nunca aprenden a decir esta sencilla frase. No sé si es que les da vergüenza o que le dan al cliente todo lo que piden.

El problema de base es que tú estimas tu trabajo en función del trabajo que tienes controlado. Pero con el paso del tiempo el cliente puede añadir un poco de trabajo aquí, otro poco allí…

Me enamoré de esta frase al principio de mi carrera. Acudí a hacer un trabajo sencillo. Pero el cliente trajo un equipo doméstico. Había montado un lio impresionante, había añadido una nueva unidad mezclando todos los cables, etc. Me llevo dos horas arreglar ese desaguisado.

¿Un cliente feliz? Obviamente no.

"Me dijiste que tardarías tres horas en configurar el correo, pero has tardado cinco. ¡No voy a pagar ni un segundo más!"

Discutimos. Nos pelamos. Y fue el primer cliente al que mande al carajo. Creo que mi carta decía algo cómo, "Necesita encontrar a un consultor cuyo planteamiento tecnológico sea más cercano al de usted".

Lo que se traduce cómo "Eres un tacaño y yo insisto en que me paguen por el trabajo que hago."

Por favor, practica estas frases mientras estés despierto:

1) "Eso está dentro del alcance del proyecto."

2) "Eso está fuera del alcance del proyecto."

Lo cierto es: nunca he tenido un cliente que me haya replicado cuando le he dicho "Eso queda fuera del alcance del proyecto." No quiere decir que no quiera hacer ese trabajo. Lo que hago es crear una NUEVA petición de servicio para ese nuevo proyecto. De esta forma puedo añadir el tiempo adicional empleado en el proyecto e incorporar las horas extras en el SR según sean necesarias.

Esto es algo complicado para muchas empresas. Un sistema PSA ayudará tremendamente. Pero tienes que aprender cómo usarlo.

Una de las claves del éxito es que **TODO** el trabajo debe hacerse bajo una petición de servicio. No importa que tripa se le rompa al cliente, porque tu solo tienes que crear una petición de servicio.

El trabajo original se paga por la SR original. El trabajo nuevo se paga con la SR nueva.

Si TODO el servicio se hace a través de una solicitud de servicio entonces cuando se añade un trabajo nuevo debe hacerse mediante esa petición de servicio. Si es algo que se encuentra fuera del alcance de nuestro trabajo actual, se trata por separado. Sin embargo, es algo que debe pagarse.

(Aun cuando sea algo que no sea facturable bajo el acuerdo de servicios gestionados actual, son trabajos separados y ambos se controlan y se facturan por separados).

No te Dejes Interrumpir

Cada hora hay al menos 60 oportunidades de que te interrumpan. Por 8 horas diarias, son 480 oportunidades al día. Pero si lo combinas con el teléfono, el móvil, la BlackBerry, el PDA, Linkedin, Facebook, mensajería instantánea y otras mil cosas más, las cosas empeoran y mucho.

A menos que lo conviertas en un hábito de NO dejar que te interrumpan.

No tienes que responder al teléfono al momento solo porque está sonando. No tienes que revisar el correo cada cinco minutos. Es muy importante que te centres en tu tarea actual.

Considera la importancia de lo que te surge al segundo. ¿Es más importante ese mensaje que tu trabajo actual? Seguramente no. De hecho te aseguro que al 99.99% no lo será.

Adoro la tecnología. Pero realmente es necesario centrarse.

A cada minuto de cada día tienes que elegir CENTRARTE en lo que estás haciendo o dejar que te interrumpan a cada momento. Es así de sencillo.

Pero también es así de difícil para la mayoría de nosotros.

El momento más importante para el éxito de tu empresa es el presente. A cada momento del día tienes que decidir entre hacer lo que tienes presente o hacer lo que se te viene encima. "Cualquier cosa" no es una opción. Si tenemos políticas y procedimientos es precisamente para evitar que nos interrumpan. Por eso tenemos que trabajar en ello.

Aquí tienes algunos consejos:

- Desactiva el pop-up de Outlook (indicador de correo nuevo).

- Revisa el correo una vez cada hora. Sí. Cada hora.

- Nos respondas al teléfono salvo si estas esperando una llamada o es algo relacionado con tu tarea actual.

- Si puedes, elimina tu número del listado de teléfonos.

- Pon todo lo que necesites en el sistema PSA. Úsalo.

- Finaliza con el trabajo actual, siempre que puedes, antes de pasar a otra tarea.

- Prioriza tus tareas. NO hagas algo solo porque es el "siguiente" asunto que está sobre tu mesa.

Control de Facturación y Cash Flow

Imprime tus facturas de forma frecuente. Presta atención al aspecto financiero con frecuencia. Revisa, al menos una vez a la semana, que tal van las nóminas, las cuentas de deudores y de clientes, las facturas y los flujos de caja.

No tienes que ser cómo el Tío Gilito y contar cada moneda todos los días. Pero si TIENES que tener control sobre el aspecto financiero de tu negocio.

La cuestión financiera no es "difícil". Solo es diferente. Pero no puedes tener éxito a largo plazo si no le prestas atención a los números. He oído una y otra vez, hablar de gente que han "estrellado" empresas de éxito por no haberle prestado atención a las finanzas.

Personalmente dejé de trabajar con un subcontratista hace unos años porque nunca fue capaz de enviarme una factura. Trabajaba de maravilla. Tenía talento. ¡Pero nunca mandaba una factura! Yo tenía que figurarme lo que había hecho y facturarle al ciento. Pero este muchacho nunca cobró porque no era capaz de decirme cuando le debía, después de haberlo intentado muchas veces.

Seamos claros: Es probable que no te guste el lado financiero del negocio. Y quizá tampoco se te de demasiado bien. Pero tienes que prestarle atención. Las finanzas son críticas para el éxito de negocio, tanto si las gestionas cómo si no.

Evita el modelo "Todo lo que Pueda Comer"

Te lo garantizo: si usas el modelo "AYCE" alguien va a aprovecharse. Puede ser algo ocasional. Puede que no sea de forma intencionada, pero tarde o temprano van a aprovecharse de tu modelo.

Piensa en esto: Tenemos un montón de cosas que hacer. KPEnterprises tiene un modelo AYCE para los equipos. Así que los llamamos para que trasladasen y configurasen todos los equipos. Mientras lo hacían les pedimos que añadieran 2GB de RAM a cada máquina y que aspirasen los interiores. Puesto que tenemos 25 equipos compramos la RAM online, donde es más barata.

¿Ves cómo funciona? ¿Quieres ofrecer todo lo que quieras comer? ¡Realmente?

Antes hemos hablado de lo importante que es tener una definición clara de servicios gestionados. Tus clientes, tus empleados y tú mismo debes estar en la misma onda. ¿Qué está cubierto y que no? Algunas cosas pueden no estar cubiertas.

Me encanta la regla "Añadir-Mover- Cambiar". Los cambios, traslados y añadidos no están cubiertos. Una vez que hemos terminado con el A-M-C, el mantenimiento está cubierto.

Seguramente haya un millón de consejos importantes para mantener la rentabilidad. Estas son las cosas más importantes en las cuales enfocar.

La clave es: Ten Controlada tu Rentabilidad. Ponte al día con tus finanzas. Seguramente estés en este negocio porque te gusta la tecnología, y no porque seas amigo de los números. Pero tienes la obligación de ser rentable – o cambiar de negocio.

Capítulo17: Examen Rápido

1. ¿Por qué no eres único? (p. 153) _____
    ____

2. ¿Cuál es la mejor forma de evitar la confusión sobre lo que
    está realmente cubierto bajo un MSA? (p. 155) _____
    _____

3. ¿Por qué es importante evitar el modelo AYCE? (p. 163)
    _____

Recursos Adicionales para Profundizar

- "SOP Friday" en mi blog – www.sopfriday.com

- Sobre la gestión del alcance, consulta estas entradas

    o *The Super Good Project Planner for Technical Consul-
       tants*

    o *The SAN Primer for SMB*

    o *The Network Migration Workbook* (escrito con Ma-
       nuel Palachuk)

V. Trabajando en tu Nuevo Negocio de MSP

¡Ya casi hemos terminado!

Espero que al menos hayas firmado un par de acuerdos. Seguramente ahora estés en el camino de convertir a tus clientes. ¡No te rindas!

Si aún no has firmado ningún acuerdo, sigue trabajando en tu plan. Es cuestión de tiempo.

Hazlo. Hazlo. Hazlo.

18. Las Herramientas Correctas para el Trabajo

No te puedo dejar colgando.

Cuando tienes cinco clientes Platino, tres Oro y siete Plata, ¿Cómo lograr hacer todo el trabajo que debes hacer?

Los servicios gestionados no son tarifas planas.

Los servicios gestionados no son un buffet libre.

Los servicios gestionados no son un invento que vaya a desaparecer en un par de años, para volver al modelo break/fix.

Los servicios gestionados suponen una nueva forma de ofrecer un mayor nivel de soporte técnico. Un nivel que ninguna persona que no sea profesional, que no esté formada y que no esté conectada podrá ofrecer jamás.

Los servicios gestionados implican el uso de herramientas de alta tecnología en tus operaciones, para poder ofrecer el mayor nivel de servicio que nunca antes has ofrecido. Cuanto más automatizado mejor. Por eso debes equilibrar todas las herramientas para poder ganar más dinero con menos trabajo.

La gente me pregunta: ¿Por qué tengo que usar un RMM?" Pues porque nos da dinero.

"¿Por qué tengo que usar un PSA?" ¿Tu qué opinas? Porque también nos da dinero.

Este es el modelo básico:

1) Ofrecer a los clientes el mayor nivel de mantenimiento preventivo,
   - Y de control
   - Y de gestión de parches
   - Y de respuesta rápida

2) Automatiza todos esos procesos al máximo. Así los clientes no sabrán nunca donde está el problema, o si lo saben será justo cuando esté resuelto.

3) Incrementa tu margen de beneficios usando herramientas remotas, parcheo automático y resolución de problemas, reduciendo la sobrecarga de trabajo.

4) Y cambia tu modelo financiero por un modelo de ingresos recurrentes. Recuerda lo que dijimos al principio sobre las categorías de QuickBooks en el capítulo Seis. Si lo haces, podrás empezar a cobrar las horas trabajadas correctamente y tener los ingresos de servicios gestionados en otra línea.

Recuerda. Los ingresos de servicios gestionados no existen hasta que firmas un contrato, y otro… Los ingresos recurrentes pasan de 0 al 1%, 3%, 5%. Con suerte pueden llegar al 50%.

Facturar y cobrar automáticamente el 60% de tus ingresos por mano de obra el primer día del mes es algo increíble. No hay nada mejor que tener la tranquilidad de cobrar el primer día del mes. Así que cuando empieces a hacer cargos en las tarjetas de tus clientes ya tendrás en el banco más de la mitad del dinero que necesitas para pasar el mes.

¡Ese es el futuro! Así es cómo debe hacerse.

Hablemos de Herramientas

Ya he dicho, a lo largo del libro, que quiero hacer un trabajo equilibrado. Por eso he mencionado las herramientas que suelo usar, pero realmente no quiero hablar de todas las herramientas que nunca he usado. Por eso voy a hablar de esas herramientas que sí uso.

Cuando compré estas herramientas tenía la preocupación por disponer de las mejores herramientas del mercado. Algo que me importaba mucho más que ahora, especialmente con las herramientas de "proceso" (RMM).

Estas son las herramientas que necesitas:

- Una herramienta financiera (QuickBooks)
- Una herramienta de Gestión y Administración de Servicios Profesionales (PSA)
- Una herramienta de Control y Gestión Remota (RMM) para monitorización, los parcheos, etc.
- Otras herramientas.

Vamos con los detalles de cada uno.

Lo Primero, una Herramienta Financiera.

Es probable que ya estés utilizando QuickBooks o una herramienta similar. La decisión más "sencilla" es usar el programa que ya estas usando.

Pero si no has cubierto esa necesidad, debes hacerlo. Mucha gente elige QuickBooks. Otros tratan de usar Microsoft Small Business Financials, pero es un producto obsoleto.

Lo mejor es elegir algo que le guste a tu contable.

Segundo, una Herramienta de Gestión y Administración de Servicios Profesionales (PSA)

Siempre he pensado que la elección de una herramienta PSA concreta es una decisión que no tiene marcha atrás. Sin embargo, mi empresa cambiaba de herramienta de vez en cuando. Y aunque resultaba algo agobiante, la transición no solía durar más de un mes.

Cuando empezamos a evaluar esas herramientas de gestión, ConnectWise fue nuestra primera opción. Pero desde aquel día, Autotask y otras herramientas habían experimentado un notable crecimiento en sus funciones y características. De hecho, muchos dirían que son herramientas superiores.

Además, muchas herramientas PSA están en esa categoría "lite", perfecta para cuando empiezas a trabajar pero no para empresas de mayor tamaño. Y además ahora sé que esas herramientas están diseñadas con la idea de que vas a usar otras herramientas más potentes a medida que tu negocio crezca.

Pero dado que no conozco el tema en detalle, no voy a "mojarme" mucho más.

Ahora mismo usamos Autotask y nos encanta. También usamos ConnectWise, y también nos gusta. Ambas son herramientas realmente espectaculares.

Pero también son herramientas caras. Definamos "caro".

Tengo un libro de gestión de proyectos que cuesta mucho dinero.
Y una documentación sobre redes que también cuesta mucho dinero. Y el material de Robin Robin que también cuesta mucho dinero.

Pero también nos ahorra dinero. El libro lo he pagado con un
proyecto. Con la documentación de otro cliente he pagado otro
libro. Y con otro cliente he pagado el programa de Robin.

Una licencia PSA nueva se amortiza en el primer mes de uso.
Mantiene a los técnicos organizados y produciendo. Tiene registrado el tiempo así que no regalamos nada. Mantiene un registro
de los progresos de manera que podemos decirle al cliente lo que
estamos haciendo.

En el siglo 21 las herramientas modernas son claves para poder
competir. Una buena herramienta siempre se amortiza y te ayuda
a ganar más dinero.

Créeme y hazlo.

Tercero, una herramienta de Control y Gestión Remota (RMM)

Siempre he sido conocido por tirar siempre hacia Kaseya.

De nuevo, en lo que se refiere a las herramientas, siempre busco
lo mejor. Le pregunto a la gente que usa. Así que la decisión final
siempre solía ser Kaseya.

En el principio la gente sabía lo que estábamos haciendo: Un poco
de HFNetCheck, monitorización SBS, ServersAlive, RDP. Era
exactamente el modelo "hágalo usted mismo" que mencionaba en
mi libro *Service Agreements for SMB Consultants*.

Ojeamos varias herramientas, no muchas. Al final optamos por
Kaseya y le dedicamos un servidor completo.

Al resto del sector le ha costado años ponerse a nuestro nivel. Creo que la mayor parte de herramientas actuales para control remoto, monitorización y gestión de parches ahora hacen el 95-100% de lo que hace Kaseya. Y algunas de esas herramientas hacen cosas que Kaseya no hace. Así que, según tus necesidades, está claro que Kaseya puede no ser la mejor opción para todos los clientes y bajo todas las circunstancias. En consecuencia me he convertido en alguien menos creyente respecto de las herramientas de prestación de servicios.

En 2008 añadimos Zenith Infotech RMM (ahora Continuum) a nuestra caja de herramientas. Además de sus excelentes funciones de control y de informes, también tienen un interesante soporte "back office". Podemos pedirle que solucione y resuelva los problemas por nosotros. Podemos controlar el servidor, o también puede controlarlo y repararlo si es necesario.

Así que durante dos años hicimos lo siguiente:

Incluimos los agentes de Kaseya y Continuum (Zenith) en los servidores. En los escritorios solo poníamos Kaseya.

Si aún no tienes una herramienta RMM, hazte con una. Recuerda que es una decisión fácilmente reversible. Pero no olvides este consejo: calcula los costos totales de los tres primeros años. Es algo que debes hacer con cualquier decisión de negocios (teléfono, empleados, mantenimiento, herramientas de servicios gestionados, etc.).

Las licencias de Kaseya son de tarifa plana. Una vez que tienes la licencia puedes usarla para siempre y solo pagas el mantenimiento. Así que los costos son los de instalación, cuota mensual mantenimiento. ¿Cuál sería el costo total a tres años vista de 100 licencias?

Compara las cifras de todas las herramientas RMM que estés analizando: 100 licencias a 36 meses. Compara los costos.

Personalmente no creo que necesites comprar más de 250 licencias de un golpe salvo que tengas más de 250 equipos de escritorio donde instalar esas licencias. Compra lo que necesites. Aun en el punto álgido de nuestro crecimiento no comprábamos más de esas 250 licencias de Kaseya cada vez. Podía haber reducido el costo por licencia a menos de $100 comprando más licencias. Pero solo compraba las que me hacían falta. ¿Para qué vas a pagar por unas licencias que hasta dentro de varios años no van a ofrecerte un ingreso?

Con el paso del tiempo hemos ido dejando de usar Kaseya y usamos Continuum en todos los equipos y servidores que gestionamos. Durante los dos años que ambas herramientas han convivido, descubrimos que a Continuum nunca se le escapa un problema. Además su estructura de licencias era mucho más flexible y encaja mejor con nuestro pequeño taller.

Tal como uno de los presidentes de una gran empresa RRM me dijo, la competencia cada vez tiene menos que ver con las herramientas y más con los servicios que podemos gestionar a través de ellas. Creo que está en lo cierto. Las herramientas en si son solo medios. Lo que necesitas es encontrar socios que tienen un nivel de servicio igual que la de usted.

Cuarto, Herramientas de Valor Añadido

Si tienes previsto incluir servicios adicionales en tu plan Platino, debes elegirlos con cuidado. Recuerda, tu vida será mucho más sencilla si tienes los mismos productos en los equipos de tus clientes y ofreces los mismos servicios a tus clientes.

Los dos extras más populares son el antivirus/anti-espía y el filtro de spam. Empezamos a ofrecer filtrado de spam porque nos hacia las cosas más fáciles. El filtro de spam en host nos ahorra trabajo y elimina mucho tráfico al cliente.

Además, nunca tenemos que perder tiempo con listas blancas de servidores, con ISPs con las que acceder a las DNS inversas, etc. Además, los filtros de spam guardan en cache el correo del cliente en caso de que el servidor de Exchange se desconecte por problemas en la red o por otra incidencia.

Con el filtro de spam en host, el correo se almacena en la nube evitando problemas. También facilita cambiar de ISP o trasladar los sistemas. Nos facilita tanto el trabajo ¡que podemos permitirnos incluir ese servicio en el plan Platino!

El filtro de spam en host también nos sirve cómo argumento de venta. El servicio cuesta $4 al mes por buzón. Si el cliente tiene diez cuentas de correo, le costaría $40 al mes. "Pero si firmas un plan Platino con nosotros, no te cuesta nada." Para diez clientes la diferencia entre Oro y Platino es de $150/mes. Descuenta esos $40 y tenemos una diferencia menor a la de una hora de mano de obra al mes.

Al poco tiempo empezamos a ofrecer los servicios de antivirus y antia-espía. Continuum incluye el servicio en la cuota mensual de RMM para escritorio, así que es bastante asequible.

Tanto si arreglas coches, cómo si arreglas jardines, o si ofreces servicios gestionados, tener las herramientas adecuadas puede marcar la diferencia. Estas son mis preferencias. Pero quizá mis herramientas perfectas no sean las mismas que las tuyas.

Sea como sea, no pierdas tiempo porque tienes que encontrar la herramienta perfecta. Sal a la calle y firma un contrato. Y entonces tendrás que salir corriendo para decidir las herramientas con las que quieras empezar a trabajar.

Una vez que dispongas de las herramientas adecuadas ¡ya estarás listo para trabajar como proveedor de Servicios Gestionados!

Capítulo18: Examen Rápido

1. ¿Qué relación existen entre los servicios gestionados y la correcta elección de herramientas? (p. 165) _____ _____

2. ¿Cuáles son las tres herramientas más importantes que necesitas? (p. 167) _____

3. ¿Cuáles son los extras más interesantes que puedes añadir a tu oferta? (p. 171) _____

Recursos Adicionales para Profundizar

- Autotask – www.autotask.com

- ConnectWise – www.connectwise.com

- Continuum – www.continuum.com

- HFNetCheck – www.shavlik.com

- Kaseya – www.kaseya.com

- Quickbooks – www.quickbooks.com

- Robin Robins – www.TechnologyMarketingToolkit.com

- ServersAlive – www.woodstone.nu/salive

- *Service Agreements for SMB Consultants* de Karl W. Palachuk

19. Tu Oferta Estándar (Tu Catálogo de Servicios)

Este capítulo es práctico pero es muy importante. En el capítulo Ocho diseñamos la estructura de precios de tres niveles. Pero cómo consultor vas a vender muchas más cosas.

Hablando en términos generales, vas a vender seis tipos de productos y servicios, que son:

- Hardware, software, y materiales "básico". Esto se llama su Línea en la Tarjeta. Lo que vendemos "a diario".

- Hardware, software, y materiales especializados. Son ventas de escaso volumen que pueden surgirte.

- Servicios Gestionados (el centro de este libro). Es el trabajo que vendes cómo bloques de tiempo o cómo servicios bajo tarifa mensual.

- Mano de Obra y Proyectos que quedan fuera de la oferta de servicios gestionados.

- Servicios en la nube cómo virtualización, hosting, copias de seguridad remotas, etc.

- Productos y servicios especiales. Aquí se incluyen el software a medida, ciertas aplicaciones empresariales muy concretas de las que eres distribuidor, sistemas y servicios de telefonía, etc.

Tu Línea en la Tarjeta

Todas las empresas evolucionan de modo que suelen tener una oferta estandarizada de productos. Es conveniente plasmar este concepto en una lista. Será la lista oficial de los productos que vendes a tus clientes con más frecuencia. Son los elementos "físicos" presentes en la oficina de tu cliente. Piensa en los elementos que forman la red: firewall, cables, switches, equipos de escritorio, portátiles, impresoras, software, baterías de emergencia y mucho más.

Voy a darte un ejemplo de lo que vendemos. Elimina las marcas que no te gusten y añade tus marcas preferidas.

Esta es la amplia mayoría de lo que vendemos:

Hardware

- Servidores HP
- Estaciones de Trabajo HP
- Equipos de Escritorio HP
- Monitores HP
- Clientes Estrechos de HP
- Cintas de HP (diversas)
- Impresoras HP o Aficio
- UPS de APC (diversos)
- Firewall Sonicwall o Watchguard
- Continuum Vault/BDR

Software

- Microsoft Windows Server (varias versiones)
- CAL a demanda del software instalado
- MS SQL Server
- MS Exchange Server
- MS Windows
- MS Office (varias versiones)
- Vipre o Trend Anti-Virus
- Symantec Backup Exec
- Diskeeper defragmentation

Materiales

- Cables Cat 6 de Marca
- Cintas de Marca (diversas)
- Discos USB de Marca (diversos)
- Switches de Marca
- Periféricos de Marca

Obviamente esto no es todo. También vendemos algunas tarjetas de red, de video, módulos de memoria, algún switch KVM, suites de Adobe, etc. Pero no tratamos de vender todo lo que existe en el mundo de la informática. Tampoco cambiamos de marcas de la noche a la mañana.

Mantener la consistencia de tu Línea de Tarjeta con el paso del tiempo es algo que maximiza tus relaciones con los fabricantes y distribuidores con los que trabaja. También incrementa tu conocimiento sobre esos productos concretos, así como sobre sus promociones de marketing, devoluciones, etc.

De todos los productos que hay en esta lista, hemos hecho muy pocos cambios en los últimos cinco años. Es algo difícil de explicar si no lo ves desde dentro de la empresa, pero cuanto más larga es tu relación con un fabricante, más rentable te resulta ese fabricante.

Si no tienes esta lista de productos te recomiendo que la hagas y pronto. Todo lo que necesitas es una carpeta fina de ½". Reúne todos los SKUs de los productos que más vendas. Si algún producto tiene promoción, añade una nota al respecto. Pero asegúrate de limpiar la carpeta con frecuencia. No debe ser otra pila de papeles inútiles.

También es una buena idea tomar notas sobre tus proveedores favoritos. Puedes usar herramientas cómo Quotewerks o Quosal para comparar los precios de los diferentes fabricantes, aunque también debes estar al tanto de los precios en compra directa, de los posibles descuentos o concursos de ventas, etc.

La verdad es que cuanto más pequeño eres, menos posibilidades tienes de participar en las promociones que ofrecen los distribuidores. Todos sabemos que las grandes empresas tienen más ventajas en alcanzar los volúmenes que les permiten acceder a las ofertas y promociones. Al mismo tiempo, también tenemos el problema del tiempo y todo esto añade otra capa de burocracia al trabajo.

Aun cuando no tengas la capacidad de aprovecharte de esos programas, échales un vistazo de vez en cuando. Trata de participar en ellos. Conforme pase el tiempo serás capaz de acceder a mejores acuerdos comerciales.

Sobre la línea de tarjeta: hazlo. Apenas te va a llevar trabajo y te va a dar una orientación sobre lo que vendes, y sobre cómo mantener la consistencia de esa gama de productos con el paso del tiempo.

Hardware, Software, y Materiales Especiales bajo Pedido

Entre estos productos especiales se incluyen aquellos que no manejas normalmente. También se incluyen algunos productos de alto nivel que ocasionalmente puedes llegar a vender.

Estos productos ofrecen una gran oportunidad, pero debes recordar dos cuestiones. La primera, debes tener cuidado para asegurarte de obtener un beneficio decente. Creo que un 20% es un margen adecuado. Quizá puedas bajar al 15%, incluso al 10%. Pero no más.

Segundo, tienes que estar seguro de tener las habilidades y la experiencia necesaria para instalar o configurar estos productos. Si no es así puedes quedar cómo un inútil ante tu cliente, o puedes perder muchas horas "pensado cómo hacerlo funcionar".

La rentabilidad es una cuestión fundamental. Con los productos que no vendes normalmente debes estar preparado para competir con algunas páginas que el cliente puede consultar. Es algo especialmente peligroso porque estas empresas compran en grandes cantidades y ofrecen enormes descuentos.

En otras palabras, no puedes competir con ellos en precios.

Si combinamos el riesgo del precio de mercado con el grado de exigencia necesario para implementar esta solución, el resultado puede ser desastroso para tu empresa. Aunque también puedes ganar mucho, es cierto que si algo sale mal puedes perder aún más dinero, tiempo y, lo peor, la confianza de tu cliente.

Por eso te recomiendo que evites la tentación de recortar los precios. En estas situaciones le añado un margen del 25% a mis costos. Si el producto que vendo me cuesta $100 lo vendo por $125. Este cálculo siempre me permite tener controlado mi margen.

A veces mi precio es superior al del MSRP (precio recomendado por el fabricante) o al precio de venta en la red. No me importa. Yo impongo el precio que quiero. Si bajo de ese nivel, no puedo ganar dinero.

Es una filosofía simple en la que tienes que creer. Puedes aprender después de muchas malas experiencias o bien puedes aprender desde el principio de tu carrera y ahorrarte los malos tiempo.

Este aspecto lo justificamos ante el cliente de este modo: 1) Puedes pedir algo en la red pero no puedo garantizarte que sea lo que necesitas. 2) Yo respondo del producto que te vendo, así que si algo sale mal yo me encargo de arreglarlo.

Lo creas o no, es algo que funciona la mayor parte del tiempo. La mayor parte de los clientes no están realmente interesados en ahorrarse unos dólares. Su relación contigo es aún más importante. Y tú le estas diciendo exactamente que esa diferencia de precio tiene que ver con la tranquilidad de saber que ellos van a tener justo lo que necesitan. Garantizado.

Cómo alternativa también me ofrezco a ayudar a mi cliente a buscar lo que necesita. Si el cliente no quiere comprarme el producto entonces puedo sentarme con él y ayudarle a buscar lo que necesita. Y de paso gano algo de dinero.

No pasa nada por tal de que tu cliente compre hardware, software, y materiales de alguien que no seas tú. ¡Solo asegúrate de tener las políticas que te permitan ganar dinero de otra forma!

Servicios Gestionados

Creo que ya hemos hablado lo suficiente del tema ¿verdad?

Mano de Obra

Es otro tema que he tratado en todo el libro, pero no con excesivo detalle. Las horas de mano de obra se dividen entre los proyectos y el break/fix.

Un proyecto es algo que tiene un alcance mayor que el trabajo diario que realizamos. Por ejemplo, trasladar el correo desde un servidor propio a un servidor host. La migración de un servidor es un proyecto.

Nos encanta hacer presupuestos para proyectos de tarifa plana. Tanto en *The Super-Good Project Planner for Technical Consultants* cómo en *The Network Migration Workbook*, cubro por completo el proceso para gestionar proyectos. En esencia lo que necesitas es diseñar un sistema que te permita cotizar y gestionar proyectos adecuadamente sin perder dinero. Es una habilidad que mejorarás con el paso del tiempo.

El trabajo break/fix por horas surge incluso con los clientes que tienen firmados acuerdos de servicios gestionados. Cómo hemos dicho, las migraciones, cambios y añadidos (AMC) no están incluidos. Si alguien quiere que instales un programa, hay que cobrarle el servicio.

Puedes tener algunos clientes que solo pagan por servicios de monitorización. El resto del trabajo es facturable. O quizá su contrato solo cubre el trabajo remoto. El trabajo presencial es facturable. Lo mismo ocurre con las horas extra.

Tenemos una estimación por la que el cliente va a gastar un 25% adicional de su factura mensual por servicios gestionados en trabajos adicionales. Algunos clientes gastan más y otros gastan menos.

Nuestro acuerdo de servicios gestionados debe expresar claramente que todo lo que no está claramente incluido en el acuerdo es facturable (p.e. horas extras, AMC, etc.). También debes incluir en el contrato la tarifa por hora trabajada, que debe ser inferior a la tasa que pagan los clientes que no tengan un contrato firmado.

Servicios en la Nube

Ya hemos analizado en detalle los servicios en la nube en el Capítulo Tercero. Por eso aquí solo incluimos una nota sobre la existencia de muchos, pero muchos servicios en la nube. La mayor parte de nosotros ofrecemos diversos servicios en host, copias de seguridad, almacenamiento y mucho más.

Los servicios específicos que vendas dependen del tipo de redes que tengas que gestionar y del tipo de clientes que tengas en cartera. Es importante "dimensionar" correctamente tu oferta de servicios en la nube para que esté en consonancia con el resto de tus ofertas.

Productos y Servicios Especiales

Esta categoría es diferente a los pedidos especiales que hemos visto antes. Incluye programas a medida, aplicaciones empresariales concretas que distribuyas, sistemas de telefonía, etc.

Por ejemplo, puedes especializarte en empresas inmobiliarias, para lo que necesitas programas cómo Yardi Voyager (www.yardi.com) o Rent Manager (www.rentmanager.com).

Las aplicaciones LOB o de Línea de Negocio existen porque hay un tipo de negocio que necesita esas aplicaciones. Para algunas – cómo los abogados o los contables- existen muchas opciones. En otros sectores apenas hay donde elegir.

Algunos de estos productos funcionan en host y otros deben ser instalados onsite. Sin embargo, cada vez más LOBs están migrando al modelo en host, lo que las hace mucho más fáciles de gestionar (y menos productivas para ti).

Ya sea en host o no, algunas LOBs requieren de formación para poder ofrecer un soporte adecuado. Algunas incluso requieren de una formación concreta que puede ser muy cara.

Cómo norma, cuanto más tiempo, esfuerzo y dinero tengas que invertir en formación para dar soporte a la LOB, más dinero tienes que ganar con ese soporte. Si tienes un nicho (o dos) de mercado entonces un alto nivel de formación en esos paquetes de software puede resultar más que rentable.

Tu Catálogo

Estos son los seis tipos de productos o servicios que normalmente vas a vender. Por favor, no te limites a una cierta gama de productos o de oferta solo porque es lo que los clientes necesitan. En algún nivel seguramente quieras crear tu línea de tarjeta y otros catálogos con tus productos y servicios.

Esta combinación debe estar en línea con tu oferta de servicios gestionados. No debes de vender solo los productos más sencillos, ni tampoco los productos que te comentan en las conferencias. Crea TU oferta y tus paquetes en consonancia con tu empresa. Todo debe encajar.

Yo tengo un compromiso personal con los equipos de primer nivel. Vendo servidores y escritorios HP porque son equipos que funcionan durante toda su vida con prácticamente cero fallos. Vendemos firewalls para empresas, switches y baterías de emergencia. Pueden costar un poco más pero a la larga son mucho más rentables que las alternativas de bajo costo.

Elegimos los distribuidores de software y hardware que trabajan bien. Preferimos los programas que nos permiten conservar nuestra relación directa con el cliente, de modo que el cliente no tenga relación alguna con el fabricante.

Una de las razones por las que me encanta asistir a conferencias profesionales es aprender sobre las herramientas, los productos y los servicios disponibles en el mercado. Es impresionante ver cuantos programas existen. Hacer una elección correcta requiere de conocimiento. Y tener algunos contactos con los distribuidores nunca le hizo daño a nadie.

Así que, de nuevo, por favor *elige* bien los productos de tu catálogo. Pon tu catálogo al servicio de tu negocio. Nunca pongas a tu negocio al servicio de tu catálogo.

Capítulo19: Examen Rápido

1. ¿Cuáles son las seis categorías principales de servicios que vendemos? (p. 175) _____

2. ¿Cuál es la diferencia entre "Pedido Especial" y producto o servicio "Especial"? (pp. 178, 181)

    _____

3. Debes hacer que tu catálogo sirva a tu negocio, y no_____
    _____. (p. 183)

Recursos Adicionales para Profundizar

Nota: he retirado los nombres de marca de la sección de la Línea de Tarjeta.

- Rent Manager – www.rentmanager.com

- Quosal – www.quosal.com

- Quotewerks – www.quotewerks.com

- Yardi Yoyager – www.yardi.com

Sobre el proceso de cotizaciones y presupuestos:

- *The Network Migration Workbook* de Karl W. Palachuk y Manuel Palachuk

- *The Super-Good Project Planner for Technical Consultants* de Karl W. Palachuk

20. Últimos Pensamientos: Servicios Gestionados en un Mes

Bueno, ya lo tenemos. Mi "volcado de cerebro" ha concluido. No es todo lo que puede ser, obviamente. Y tampoco es perfecto. Pero creo que es más que suficiente para que puedas empezar tu vida cómo proveedor de servicios gestionados.

Por favor no olvides los dos mensajes claves:

   i. Mueve el culo

  ii. Los servicios gestionados no son una moda, ni algo temporal. Son el futuro. Está aquí para quedarse.

Hace quince años el "soporte remoto" no era más que una charla telefónica, salvo para las grandes empresas. Era muy raro que alguien lo utilizara en las empresas de mediano tamaño, y prácticamente algo desconocido entre las SMB. Ahora, hasta el primo Larry puede ofrecer soporte remoto fácilmente.

La gestión de parches es un tremendo dolor de cabeza para el personal. Pero hoy disponemos de las herramientas adecuadas, ya sean gratuitas o extremadamente caras.

A medida que la tecnología cambia, cambian los procesos empresariales y la forma de poder prestar servicios.

Por desgracia nuestro negocio siempre estará lleno de aficionados y "empleados de tiempo parcial". Pero créeme, nuestro futuro está en el mercado SMB. Un mercado que se va a dividir entre quienes pueden pasar un par de días sin su servidor y quienes no puedan. Quienes no quieran tener caídas, seguramente elijan un modelo de servicios gestionados.

En función del tiempo que lleves en este negocio, es posible que recuerdes a esos clientes que se preguntaban por qué necesitaban un antivirus. No hace muchos años incluíamos ese costo en nuestros presupuestos, y muchos clientes se preguntaban si realmente era necesario. Hoy el antivirus es un elemento más de cualquier equipo conectado a la red.

En la primera edición de este libro comentaba:

"Los servicios gestionados, incluyendo la monitorización remota, la gestión de parches y el soporte remoto será algo tan necesario dentro de cinco años cómo es el antivirus hoy día."

¿Y sabes qué? Cinco años después, los servicios gestionados se han convertido en el modo de ofrecer servicio remoto.

¿Qué empresa no tiene hoy un antivirus? ¡La empresa que nunca debe ser tu cliente! ¿Qué tipo de empresa no usa un proveedor de servicios gestionados? Pues la misma.

El futuro está a punto de llegar. Cada día está más claro.

Algún día tendremos instalada una copia de Office 2015 en todos los equipos. Y otra de Windows 9. Quizá también tengamos procesadores de 128 bits en cada equipo de escritorio.

Algún día tendrás un cliente de servicios gestionados al que mantengas todos sus equipos. Y cuando uses Office 2015 y Windows 9, estarás proporcionando "servicios gestionados".

No hay un momento mejor para entrar en este negocio. Lo cierto es que seguramente ya estés en este negocio, tanto si es formalmente cómo si no.

Elige tus herramientas. Crea un plan. Firma un contrato. Desbroza el jardín. Y vuelve a firmar.

Ahora es el momento de mover el culo.

Mucha gente me ha contado por correo su historia de éxito. Estoy seguro de que son muchos más los que han tenido éxito aun cuando no me lo hayan dicho.

Espero que te comprometas en serio. Vas a tener que atravesar algunos momentos difíciles. Pero cuando llegues al final del camino, con una gran cantidad de ingresos recurrentes, entonces todo habrá merecido la pena.

Buena suerte.

¡Y no te olvides de enviarme un correo con tu historia!

"Tenemos un Correo"

Gestionando los Prepagos

Alexander de Miami nos pregunta...

"[H]as mencionado que los clientes pueden pagar el primer mes por tarjeta de crédito o pagar tres meses por adelantado mediante cheque. Si optamos por la vía de los cheques ¿quiere esto decir que el cliente paga trimestralmente? Si es así, ¿Cuándo debería enviar la siguiente factura trimestral, antes de que venza? ¿Debería modificarse la cláusula de resolución del contrato para incluir un periodo de tres meses? Estoy deseando escucharte y poder profundizar aún más en todas las páginas web y blogs que tienes."

El objetivo principal es cobrar por adelantado la parte fija del servicio

Este periodo de tres meses comienza en cualquier momento (el primer día del mes). De manera que si se produce la firma hoy, pagas por el mes siguiente, el siguiente y el que sigue.

Esto es algo bueno porque podemos incrementar las entradas de dinero. Con el paso del tiempo es algo que se distribuirá progresivamente. Mientras seas capaz de tener todo controlado no debes tener problemas.

Nosotros enviamos las facturas de 10 a 14 días antes del primer día del mes, de manera que el cliente tenga tiempo suficiente para pagar. Pero el acuerdo de servicio debe establecer que el pago debe realizarse tanto si se recibe factura cómo si no. Es cómo un alquiler.

Para quienes pagan cada tres meses, generamos tres facturas (una para cada mes). No ajustamos la cláusula de resolución porque somos nosotros quienes tenemos el dinero hasta que el mes de servicio llega. Con la contabilidad actual esos ingresos no están sujetos a impuestos hasta que estén facturados. Así que mientras tanto, conservamos ese dinero en reserva.

Por eso debes evitar gastar ese dinero hasta que llegue el mes al que corresponde. Si alguien opta por cancelar el servicio, entonces tendremos que devolverle las cuotas no consumidas. Obviamente también podemos convertir esa cantidad en un pago a cuenta por cualquier otro servicio hasta que finalmente lo saquemos de nuestros libros (contables).

Algunos clientes pueden pedir un descuento por pagar por adelantado. Para los clientes estándar con pago por cheque no es algo que consideremos porque no hay nada raro o especial que lo justifique. Es la forma en que trabajamos y el precio es el que le corresponde.

Cómo excepción, solíamos ofrecer un mes gratuito a quien pagaba el año completo, pero al final era algo que daba más problemas de los que resolvía.

Así que ahora no ofrecemos ningún tipo de descuento. Tenemos cierta flexibilidad en las cuotas de instalación, pero nada más.

Capítulo20: Examen Rápido

1. Las dos claves del capítulo son: (p. 185)

    a. _____

    b. _____

2. ¿Por qué siguen siendo buenos tiempos para los servicios gestionados? (p. 186) _____

3. Si los clientes pagan trimestralmente , ¿cuál es la ventaja de dejar que empiece el ciclo cualquier día y no con el trimestre del año? (p. 187) _____

Recursos Adicionales para Profundizar

Algunas páginas y boletines excelentes sobre Servicios Gestionados:

*   Channel MSP – www.channelmsp.com

*   SPC International (antes Managed Services Provider University) – www. spc-intl.com

*   MSPMentor – www.MSPMentor.net

*   SMB Nation – www.SMBNation.com (Página web, boletín, y conferencias)

21. Nota Final. El Interés Personal Bien Entendido

Quizá te preguntes porque tengo este interés en que seas Proveedor de Servicios Gestionados. ¿Qué me puede importa que Cyber Goober Guys de Pig's Knuckle Arkansas ofrezca servicios gestionados? ¿Qué es lo que KPEnterprises de Sacramento, CA recibe de todo esto?

En su excelente libro *Democracy in America*, Alexis de Tocqueville aculo el término "el interés personal bien entendido".

Su argumento principal es que los que participamos en comunidades y contribuimos a su mejora, a largo plazo, vamos a obtener más rendimiento de esa mejora.

¿Y qué parte de esa mejora quiero obtener a largo plazo? Es fácil. Quiero que toda nuestra profesión sea más profesional. Quiero que los clientes cada vez nos pidan más (a todos). Quiero que nosotros tengamos más grande expectativa de nosotros mismos y de todos los demás.

Quiero que todo el sector camine con el mismo paso. Quiero que podamos ofrecer el máximo nivel de servicio.

Y quiero que cobremos lo que nos merecemos.

Mucha gente revisa el aire de sus llantas de su coche y añade el refrigerante. Pero no podemos llamarlos mecánicos. Y mucha gente repara sus coches y los de sus vecinos, pero no es más que por hobby; saben que no pueden llamarse mecánicos.

Sin embargo, en lo que a la informática se refiere, cualquiera que sepa cómo cambiar un salvapantallas se hace llamar consultor informático.

Los clientes no conocen la diferencia entre un firewall de $40 y uno de $3,000. Bueno, no tienen por qué saberlo. Pero cuando el que no sabe la diferencia es un consultor, entonces hay un problema, y grave.

¿Recuerdas a nuestro amigo Tocqueville? Estaba escribiendo a sus amigos sobre el avance de la democracia. Y su conclusión fue: va a llegar y nadie podrá impedirlo. Si luchas contra ella, perderás. Pero aunque no puedes hacer nada por pararla, si puedes unirte a ella – y ayudar a la forma en que la democracia funciona.

Todos estamos en el mismo barco: Creo que el futuro pasa por la profesionalización. Puedes luchar contra ello, pero perderás. Puedes ignorarlo y quedarte a un lado. O puedes unirte a ello y ayudar a modelar a ese profesión del futuro.

Nunca he sido partidario de luchar contra lo inevitable.

Así que puedes 1) responder a ese entorno evolutivo o 2) influir en la evolución de ese entorno. Yo prefiero lo segundo.

¿Qué tal te ha ido el Mes?

Bueno, hay mucha gente que ha empezado a recorrer este mes conmigo – en su camino hacia los servicios gestionados. He recibido docenas de correos de gentes que lo está intentando. Y he recibido numerosas historias de triunfo.

Pero ¿Qué ha sido del resto?

Recuerda nuestra 1ª Lección:

G O Y B

Mueve el culo

Nada de excusas. No te retrases. Hazlo, hazlo y hazlo.

Si te atascas, envíame un correo. Aunque no puedo resolver todos tus problemas, si puedo darte una perspectiva diferente, ofrecerte algunos recursos e incluso tratar de animarte.

Este proyecto empezó siendo una guía rápida pero se ha convertido en algo más.

Por si aún no lo sabes, déjame que te lo demuestre: Creo que esta colección de hábitos empresariales, de herramientas y de procedimientos que llamamos "servicios gestionados" no es más que una forma de hablar del nuevo modo en que deben trabajar los consultores tecnológicos.

Siempre he apoyado cualquier iniciativa que haga que nuestra profesión sea más profesional.

Todos tenemos que empezar por alguna parte. Nadie nace siendo un profesional con 20 años de experiencia. Pero todos tenemos el derecho a detenernos allí donde queremos. Eso supone que tienen derecho a dejar de crecer profesionalmente, a dejar de aprender y a quedarse allí donde están cómodos.

En este punto, acabas de llegar al último capítulo. Esa es la prueba de que no eres una de esas personas que quiere quedarse congelado en el tiempo. Gracias por ser uno de esos profesionales dispuestos a mejorar nuestra profesión.

Es para mí un honor trabajar con gente como tú. ¡Precisamente escribo mis libros para gente cómo tú! Gracias por tu apoyo. ¡Espero que el éxito te acompañe en tu futuro! Y no te olvides de contarme que tal te va.

> - KarlP
> - karlp@greatlittlebook.com

Capítulo21: Examen Rápido

1. ¿Por qué a Karl le importa que tengas éxito? (p. 191)

   _____

2. ¿Qué tiene que ver Alexis de Tocqueville con los servicios gestionados? (p. 191)

   _____

3. En este capítulo afirmamos que el futuro de nuestra empresa es el futuro de _____(p. 192)

Recursos Adicionales para Profundizar

- *Democracy in America* de Alexis de Tocqueville

Otros libros excelentes que pueden parecer no tener nada que ver con los Servicios Gestionados:

- *The Art of War* de Sun Tzu

- *The Greatest Secret in the World* de Og Mandino

Apéndice A: Sopa de Siglas Alfabéticamente Ordenada

ACH – Sistema de Compensacion Automático. Una red electrónica para transferir fondos entre instituciones financieras.

AMC – Add, Move, Change o Añadir, Mover, Cambiar. Ver también MAC.

ASCII – Grupo ASCII– www.ascii.com

AYCE – All You Can Eat – Todo lo que Puedas Comer

BYOD – Bring Your Own Device – Trae tu Propio Equipo

COGS – Cost of Goods Sold - Costo de los Productos Vendidos

Colo – Colocation facility or data center – Centro de Datos o Instalación

CompTIA – Computing Technology Industry Association – asociación de la Industria de Tecnología de Computación - www.comptia.org

GLB – Great Little Book Publishing Co., Inc. He incluido esto para ver si realmente alguien lee los apéndices

HaaS – Hardware as a Service - El Hardware cómo Servicio

LOB – Line of Business application – Línea de Aplicaciones Empresariales

MAC – Move, Add, Change. Mover, Añadir, Cambiar. Ver también A-M-C.

MDM – Mobile Device Management – Gestión de Dispositivos Móviles

MSP – Managed Service Provider – Proveedor de Servicios Gestionados

MSP – Managed Services Provider University

OEM – Original Equipment Manufacturer –Equipamiento Original del Fabricante

PSA – Professional Services Automation – Automatización de Servicios Profesionales

RAM – Random Access Memory – Memoria de Acceso Aleatorio

RMM – Remote Monitoring and Management – Gestión y Control Remoto

RDP – Remote Desktop Protocol- Protocólo de Escritorio Remoto

RWW – Remote Web Workplace -Espacio de Trabajo Remoto en Web (La última versión es RWA – Remote Web Access o Acceso Remoto por Web)

SaaS – Software as a Service. Software como Servicio. Pero dado que este término solo aparece aquí no es necesario que sepas o que significa.

SMB – Small and Medium Business – Pequeña y Mediana Empresa o PYME

SBS – Small Business Server - Servidor de pequeños negocios

VOIP – Voice Over IP – Voz sobre IP

Apéndice B: Productos y Recursos Mencionados

En este libro se han mencionado numerosos productos. Una mención no supone un apoyo. Solo presento el mundo tal cómo lo veo. Y por eso espero que tomes esta información, la mezcles con tu propia experiencia, veas que tal encaja todo y finalmente tomes tus propias decisiones.

Dicho esto, sería estúpido mencionar productos y personas sin incluir su información de contacto. Así que resolvamos la situación, en orden alfabético:

The ASCII Group
www.ASCII.com

Atchison, Laura Steward – Autora
Libro *What Would a Wise Woman Do?*

Autotask
www.Autotask.com

Azure (Microsoft)
www.WindowsAzure.com

Benson, Herbert and Miriam Z. Klipper – Autores
Libro *The Relaxation Response*

Blanchard, Kenneth and Spencer Johnson - Autores
Libro *The One Minute Manager*

Brantley Jeffrey, et al. - Autores
Libro *Five Good Minutes: 100 Morning Practices To Help You Stay Calm & Focused All Day Long*

Business Works
http://na.sage.com/sage%20businessworks

Canfield, Jack, Leslie Hewitt, Mark Victor Hansen - Autores
Libro *The Power of Focus*

Channel MSP
www.channelmsp.com

CompTIA – Computing Technology Industry Association
www.comptia.org

ConnectWise
www.connectwise.com

Covey, Stephen R., A. Roger Merrill, and Rebecca R. Merrill - Autores
Libro *First Things First*

Elance
www.elance.com

Entrepreneur Magazine: Starting a Business
www.entrepreneur.com/startingabusiness

Experts Exchange
www.experts-exchange.com

Gee, Jeff and Val - Autores
Libro *Super Service: Seven Keys to Delivering Great Customer Service...Even When You Don't Feel Like It!...Even When They Don't Deserve It!*

Gerber, Michael – Autor
Libro *The E-Myth Revisited*

Godin, Seth – Autor
Libro *The Dip* de Seth Godin: http://sethgodin.typepad.com

Great Little Book
www.GreatLittleBook.com

HFNetCheck (Pro)
www.shavlik.com (hoy propiedad de VMWare)

International Virtual Assistants Association
www.ivaa.org

Kaseya
www.kaseya.com

Level Platforms (LPI)
www.levelplatforms.com

Makowicz, Matt – Autor
- Libro *A Guide to SELLING Managed Services.*
- Libro *A Guide to MARKETING Managed Services.*

Managed Services in a Month
www.ManagedServicesInaMonth.com

Managed Services Provider University (MSPU)
Ver SPC International

Managed Services Yahoo Group
http://groups.yahoo.com/group/SMBManagedServices/

Mandino, Og – Autor
Libro The Greatest Secret in the World

Microsoft "TechCenters" for IT Products & Technologies
http://technet.microsoft.com/en-us/bb421517.aspx

MSPMentor
www.MSPMentor.net

ODesk
www.odesk.com

Overnight Prints – Digital Printer
www.overnightprints.com

Palachuk, Karl – Autor
- Libro *The Network Documentation Workbook.*
- Libro *The Network Migration Workbook* de Karl W. Palachuk y Manuel Palachuk
- Libro *Relax Focus Succeed*
- Libro *Service Agreements for SMB Consultants: A Quick-Start Guide to Managed Services*
- Libro *The Super-Good Project Planner for Technical Consultants*

PeachTree (ahora Sage-50)
http://na.sage.com/sage-50-accounting-us

QuickBooks (Intuit)
http://quickbooks.intuit.com

Quosal
www.quosal.com

Quotewerks – Quotewerks.com
www.quotewerks.com

Rent Manager
www.rentmanager.com

Roberts, Wess - Autor
Libro *Leadership Secrets of Attila The Hun*

Robins, Robin – Consultor de Marketing
Ver *Technology Marketing Toolkit*

Rose, Richard C. and Echo Montgomery Garrett – Autores
Libro *How to Make a Buck and Still Be a Decent Human Being*

Salesforce.com
www. Salesforce.com

ServersAlive
www.woodstone.nu/salive

Simpson, Erick – Autor
- Libro *The Guide to a Successful Managed Services Practice.*
- Libro *The Best I.T. Sales & Marketing Book Ever!*

Small Biz Thoughts
www.SmallBizThoughts.com

Smartpress.com – Impresión Digital
www.smartpress.com

SMB Books
www.smbbooks.com

SMB Nation
www.SMBNation.com
- Web, boletín y conferencias

El Blog de SOP Friday
www.SOPFriday.com

SPC International (antes Managed Services Provider University)
www. spc-intl.com

Spiceworks
www.spiceworks.com

Stratten, Scott – Autor
Libro *Unmarketing: Stop Marketing, Start Engaging*

Technology Marketing Toolkit
www.technologymarketingtoolkit.com

de Tocqueville, Alexis – Autor
- Libro *Democracy in America*

Tracy, Brian - Author
Libro *The 100 Absolutely Unbreakable Laws of Business Success*

Tzu, Sun – Autor
Libro The Art of War

UPrinting - Imprenta Digital
www.uprinting.com

US Small Business Administration: Thinking of Starting a Business?
www.sba.gov/thinking-about-starting

Vanderkam, Laura – Autora
Libro *What the Most Successful People Do Before Breakfast*

Weiss, Alan – Autor
Libro *Million Dollar Consulting*

Windows Servers Information
www.microsoft.com/servers/en/us/default.aspx

Windows Server 2012 (todas las versiones)
www.microsoft.com/en-us/server-cloud/windows-server/2012-default.asp

Yardi Voyager
www.yardi.com

En Contacto con Karl

Karl W. Palachuk es autor de diez libros que incluyen *The Network Documentation Workbook, Service Agreements for SMB Consultants,* y *The Network Migration Workbook* (coautor). Su libro no técnico favorito es *Relax Focus Succeed: A Guide to Balancing Your Personal and Professional Lives and Being More Successful with Both.*

Consultor Técnico

Cómo Ingeniero Sénior de Sistemas en America Tech Support, Karl ha proporcionado soporte técnico a pequeñas y medianas empresas de todo el país. En este puesto Karl ha ofrecido servicios de consultoría empresarial y formación para CEOs sobre cuestiones técnicas. También ha gestionado diversos proyectos y ha disfrutado del contacto con la tecnología.

Formador Profesional

Cómo autor, formador, coach, y bloguero, Karl ha viajado por todo Norteamérica y Europa formando a consultores técnicos. Entre sus temas se encuentran desde la documentación de redes hasta los servicios gestionados, las mejores prácticas empresariales e incluso los procesos de contratación. Karl ha sido instructor de Microsoft Hands-on-Lab para el programa Small Business Specialist.

Para conocer más información sobre Great Little Book, su sitio web, su blog, boletines y otra información relevante visita:

www.SmallBizThoughts.com

Miscelánea

¡Suscríbete a la lista de correo de Karl!

www.SMBBooks.com

Esta lista incluye próximos eventos, seminarios, noticias y "que está pasando" en SMB Consulting.

Formador Motivacional – Relax Focus Succeed˙

Mientras tanto Karl también es autor, formador y redactor de *Relax Focus Succeed*˙ El objetivo de RFS es aprender cómo mantener el equilibrio de tu vida personal y profesional para tener más éxito en ambos aspectos de tu vida.

Para saber más sobre Relax Focus Succeed˙, su sitio web, blog, boletines y otra información, visita

www.relaxfocussucceed.com

Conferenciante

Si quieres tener a Karl cómo conferenciante o cómo formador en tu empresa, por favor contacta con él en:

Karl W. Palachuk
Great Little Book Publishing Co., Inc.
Email: karlp@GreatLittleBook.com

Otros Grandes Títulos sobre Servicios Gestionados. Para más información visita **www.smbbooks.com**.

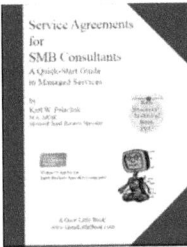

Acuerdos de Servicio para Consultores SMB

Guía Rápida a los Servicios Gestionados

de Karl W. Palachuk

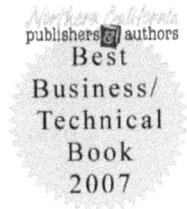

Este galardonado best seller ofrece mucho más que simples ejemplos de acuerdos.

Karl empieza tratando cómo deberías gestionar tu negocio y que tipo de clientes deberías tener. Esa combinación – definir tu empresa y a tus clientes- es la base de tus futuros acuerdos de servicio.

El Súper Planificador de Proyectos para Consultores Técnicos

de Karl W. Palachuk

Este gran E-book surge de las mejores prácticas y procedimientos de KPEnterprises, una pequeña empresa de consultoría empresarial de Sacramento, CA. Karl ha sido consultor informático de éxito durante más veinte años.

Este E-book Incluye una descripción clara sobre cómo gestionar correctamente – y de forma rentable - cualquier "proyecto laboral" tanto si finalmente aceptas el proyecto cómo si no. Este libro incluye más de 20 páginas de formularios, además de las instrucciones necesarias para crear y usar tus propios procedimientos.

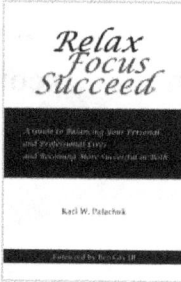

Relax Focus Succeed

Una Guía para Equilibrar tu Vida Personal y Profesional y Tener más Éxito en Ambas Facetas

de Karl W. Palachuk

El objetivo de este libro es simple pero poderoso: Las claves fundamentales para el éxito son el enfoque, el trabajo duro y el equilibrio. Con demasiada frecuencia los consejos se centran en el enfoque y el trabajo duro, pero dejando de lado ese equilibrio.

Coach Valet

CoachValet ¡Échale un vistazo!

Coach Valet es una nueva herramienta para evaluar tu servicio de Servicios Gestionados.

Te ayuda a definir tus metas –personales y profesionales – y a decidir qué camino recorrer hacia el éxito. Incluye más de 150 tareas clave para el éxito de cualquier proveedor de servicios. Y además puedes añadir tus propias tareas.

Puedes usar la herramienta sola, o compartirla con tu equipo. Cualquiera que contribuya a tu éxito debería usar esta herramienta, para ayudarte a lograr tus objetivos.

Para saber más, suscríbete a la lista de correo de Karl y visita: **www.Coach-Valet.com.**

www.ingramcontent.com/pod-product-compliance
Lightning Source LLC
Chambersburg PA
CBHW070713220326
41598CB00024BA/3137